公路大跨径桥梁
绿色建设技术与应用

周列茅　李齐丽　**主　编**

潘　济　刘　杰　宣寿通　**副主编**

人民交通出版社

北　京

内 容 提 要

本书简要介绍了公路大跨径桥梁绿色建设技术体系，系统总结了公路大跨径桥梁绿色建设的技术要点，并以瓯江北口大桥为典型案例深入阐述了桥梁绿色建设技术在工程实践中的应用。本书共分5章：第1章介绍了公路桥梁绿色发展背景，第2章、第3章分别介绍了公路大跨径桥梁绿色建设技术体系和技术要点，第4章介绍了瓯江北口大桥项目绿色建造实践，第5章为总结与展望。

本书可供桥梁建设者、管理者、政策制定者、研究人员，以及对绿色桥梁建设感兴趣的专业人士和社会公众参考，亦可作为高等院校有关专业的课外拓展读物。

图书在版编目(CIP)数据

公路大跨径桥梁绿色建设技术与应用 / 周列茅，李齐丽主编. — 北京：人民交通出版社股份有限公司，2025. 7. — ISBN 978-7-114-20530-9

Ⅰ. U448.14

中国国家版本馆 CIP 数据核字第 2025D9X326 号

Gonglu Da Kuajing Qiaoliang Lüse Jianshe Jishu yu Yingyong

书　　名：公路大跨径桥梁绿色建设技术与应用
著 作 者：周列茅　李齐丽
责任编辑：陈力维
责任校对：龙　雪
责任印制：刘高彤
出版发行：人民交通出版社
地　　址：(100011)北京市朝阳区安定门外外馆斜街3号
网　　址：http://www.ccpcl.com.cn
销售电话：(010)85285857
总 经 销：人民交通出版社发行部
经　　销：各地新华书店
印　　刷：北京建宏印刷有限公司
开　　本：787×1092　1/16
印　　张：7.25
字　　数：129千
版　　次：2025年7月　第1版
印　　次：2026年3月　第2次印刷
书　　号：ISBN 978-7-114-20530-9
定　　价：78.00元

编委会

前言

改革开放以来，我国公路基础设施建设实现了跨越式发展，由规模扩张转向质量提升全面转型。在生态文明建设和“双碳”目标指引下，绿色公路建设已成为践行新发展理念、推动交通运输高质量发展的重要抓手。作为公路网络的关键枢纽工程，桥梁特别是大跨径桥梁的绿色建设对实现交通强国战略目标具有重要的示范引领作用。

为了更好地推动桥梁绿色转型和可持续发展，温州瓯江口大桥有限公司和交通运输部规划研究院联合编写了本书。本书具有以下特色：一是理论与实践深度融合，通过大量工程数据和具体实践案例，确保内容的实用性；二是创新性与普适性相统一，既突出瓯江北口大桥的技术创新，又提炼出可供行业推广应用的经验方法；三是兼顾专业性与可读性，既满足专业读者的需求，又便于相关领域读者理解与应用。

本书的编写得到了各方的鼎力支持。温州瓯江口大桥有限公司与交通运输部规划研究院组建了高水平的编写团队，通过深入调研、专题研讨、专家咨询等方式，确保了内容的科学性和实用性。浙江省交通运输厅、温州市交通发展集团有限公司等单位对本书提供了宝贵意见和大力支持。特别感谢关昌余、高东明、李斐然等专家学者的悉心指导，以及人民交通出版社的支持。

本书是众多建设者、研究者的智慧结晶。我们期待通过本书的出版发行，促进绿色公路建设理念的传播和技术应用，助力公路桥梁行业的绿色转型和可持续发展。

由于作者水平有限，书中难免存在不足之处，恳请广大读者批评指正，以便在今后的研究中不断完善。

编　者

2025 年 3 月

目录

第1章 公路桥梁绿色发展背景

1.1 绿色发展已成为经济社会发展的重要支撑

1.1.1 生态文明建设是全社会各行业持续健康发展普遍原则

党的十八大以来，习近平总书记就生态文明建设作出了一系列重要论述，形成了系统的习近平生态文明思想。生态文明建设是关系中华民族永续发展的根本大计。走向生态文明新时代，建设美丽中国，是实现中华民族伟大复兴的中国梦的重要内容。党的二十大报告的生态文明专章以“推动绿色发展，促进人与自然和谐共生”为题，明确了我国新时代生态文明建设的战略任务。生态文明建设已然成为全社会各行业持续健康发展普遍原则，必须牢固树立和践行“绿水青山就是金山银山”的理念，站在人与自然和谐共生的高度谋划发展。

1.1.2 绿色发展是全社会各行业持续健康发展必由之路

绿色是永续发展的必要条件和人民对美好生活追求的重要体现。生态环境保护和经济发展是辩证统一、相辅相成的，建设生态文明、推动绿色低碳循环发展，不仅可以满足人民日益增长的优美生态环境需要，而且可以推动实现更高质量、更有效率、更加公平、更可持续、更为安全的发展，走出一条生产发展、生活富裕、生态良好的文明发展道路。绿色成为新时代中国的鲜明底色，是人民对美好生活追求的重要体现。绿色发展理念洞悉发展规律、深察民生福祉、彰显执政担当，是全体人民在发展问题上的“最大公约数”之一。在未来一段时期，绿色发展理念将融入经济社会发展各领域各环节，成为全社会各行业持续健康发展必由之路。

1.1.3 美丽中国是全社会各行业持续健康发展的共同指向

走向生态文明新时代，建设美丽中国，是实现中华民族伟大复兴的中国梦的重要内容,同时也是全面建成富强民主文明和谐美丽的社会主义现代化强国重要的组成部分。党的十八大报告首次提出“建设美丽中国”;党的十九大报告再次强调“建设美丽中国”;党的二十大报告进一步阐述“推进美丽中国建设”,提出“我们要推进美丽中国建设,坚持山水林田湖草沙一体化保护和系统治理,统筹产业结构调整、污染治理、生态保护、应对气候变化,协同推进降碳、减污、扩绿、增长,推进生态优先、节约集约、绿色低碳发展。”为努力当好中国式现代化的开路先锋,交通运输行业要紧紧围绕美丽中国建设要求,全领域、全方位、全过程推进交通运输绿色低碳转型发展,不断提升生态环境保护水平,为生态文明和美丽中国建设贡献力量。

1.1.4 实现“双碳”目标是新时期各行业高质量发展的强大驱动

气候变化是当今人类社会面临的共同挑战。我国政府出台了一系列政策和措施来支持“双碳”目标的实现。例如,在交通运输绿色低碳行动方面,我国明确提出加快绿色交通基础设施建设,将绿色低碳理念贯穿交通基础设施规划、建设、运营和维护全过程,降低全寿命周期能耗和碳排放。实现“双碳”目标不是简单以牺牲经济增长速度、人民生活水平为代价,而是要实现碳减排约束下全面协调可持续的高质量发展。因此,实现“双碳”目标是新时期各行业高质量发展的强大驱动力。

1.2 绿色公路是生态文明建设落地的重要载体

1.2.1 绿色交通是践行生态文明战略的重要载体

发展绿色交通是交通运输行业贯彻落实生态文明建设的重要体现,也是交通运输行业转变发展方式的主要方向之一。中共中央、国务院印发的《交通强国建设纲要》《国家综合立体交通网规划纲要》将绿色交通作为主要发展目标和重要建设内容。

1.2.2 绿色公路是交通运输行业绿色发展的重要领域

绿色公路建设是贯彻生态文明建设、践行绿色发展理念、助力美丽中国建设的必然要求,也是支撑交通强国建设、实现行业转型升级的关键举措,是行业绿色发展的重要领域,具有十分重要的意义。绿色公路具有保护生态环境,降低能源消耗和污染排放,促进资源集约循环利用等优点。2016 年,交通运输部印发了《关于实施绿色公路建设的指导意见》,并先后确定了三批共 33 个绿色公路建设典型示范工程,开展绿色公路建设工程实践探索。2021年10月、2022年1月,交通运输部先后印发《绿色交通"十四五"发展规划》和《公路"十四五"发展规划》,明确提出"十四五"期将持续深入推进绿色公路建设,在试点项目工作基础上全面推行绿色公路建设。

1.2.3 "双碳"目标赋予绿色公路建设新内涵

在"双碳"目标背景下,交通运输特别是公路交通运输担负着加快形成绿色低碳运输方式、实现减污降碳的重大责任,国家及行业的发展战略及中长期规划均已针对交通运输领域贯彻落实"双碳"目标提出了明确要求。公路基础设施是交通运输行业降碳减排的重要方面,公路基础设施建设、养护阶段会产生大量二氧化碳,约占公路交通运输碳排放的10%~20%。绿色公路建设应顺应新时期新要求,不断完善、提升绿色公路建设新内涵,降低公路基础设施全寿命周期能耗与碳排放将成为新时期绿色公路建设的重要内容。

1.3 桥梁绿色建设是绿色公路建设的关键领域

桥梁是公路的重要组成部分和关键性枢纽工程之一,尤其是大跨径公路桥梁,具有投入大、系统复杂、使用年限长、不可移动等特点,受到社会广泛关注。桥梁建设离不开环境与资源的支撑,也对自然环境产生一定的负面影响。桥梁建设被公认为建设领域资源和能源的最大消耗项之一,桥梁的使用过程也伴随着资源、能源的消耗,桥梁在退役和拆除过程中还会以各种形式给环境造成影响。因此,桥梁绿色低碳建设成为公路基础设施减污降碳的重要内容。桥梁绿色低碳建设水平,不仅是践行生态文明建设、绿色发展理念的重要体现,也是一个国家或地区经济实力、科学技术水平和生产力发展水平等的综合体现。

第2章　公路大跨径桥梁绿色建设技术体系

2.1　绿色桥梁内涵与特征

2.1.1　绿色公路

桥梁是公路的重要组成部分，因此，明确绿色桥梁的内涵需要先厘清绿色公路的概念。早期，绿色公路概念局限在传统环保范畴，仅指对公路沿线进行生态恢复和绿化美化，是"表面的绿色"。如有学者提出绿色公路是"以保证生态系统的良性循环为基本原则，以生态学的规律为指导，在公路设计、建设和运营阶段尽量减少对景观的破坏和对环境的污染，尽量保护自然生态系统，形成人、车、路及景观协调、生态优良的公路交通系统。"还有学者将绿色公路定义为"满足基本功能前提下，环境优美的一类公路统称"。随着对绿色理念理解的深入，绿色公路内涵逐渐向低碳环保方向扩展。有学者指出绿色公路"是在低碳理念的指导下，以碳平衡为基本原则，综合运用各种绿色技术与环保措施，在公路决策、设计、施工、运营整个寿命周期里都能达到经济效益和环境效益可持续发展。"2014 年，有学者提出"绿色公路就是以节能减排、资源集约与循环利用和生态环境保护为核心价值理念，强化创新驱动，积极研究探索新能源、新材料、新设备和新工艺"，要大力推广应用先进适用技术和产品，实现公路在规划、设计、施工、养护、运营等全寿命周期的能源消耗和碳排放显著降低、环境效益明显改善的公路发展模式，实现过程和产出的绿色效益。近年来，随着绿色公路理念深入人心，有学者尝试从绿色产品的角度定义绿色公路，即"在规划、设计、建设和运营维护全寿命周期内，最大限度地利用各项资源，减少能耗和污染，与环境友好及协调。将对人体的安全和健康影响降到最低，同时确保运营安全、行车舒适、公路维护成本低，各种灾害的影响小，行车通畅和舒适，对生态无害或危害极小。"

本书编者认为,绿色公路是按照系统论方法,在公路全寿命周期内,统筹公路规划、设计、建设、运营全过程,统筹公路建设品质、资源利用、能源耗用、污染排放、生态影响和运行效率之间的关系,以最少的资源占用、最小的能源耗用、最低的污染排放、最小的环境影响,获得最优的建设品质和最高的运行效率,实现外部刚性约束与公路内在供给之间最大限度均衡的公路建设工程。绿色公路主要特征可归纳为"全寿命、全要素、全方位""低消耗、低排放、低污染"和"高效能、高效率、高效益",如图 2-1 所示。

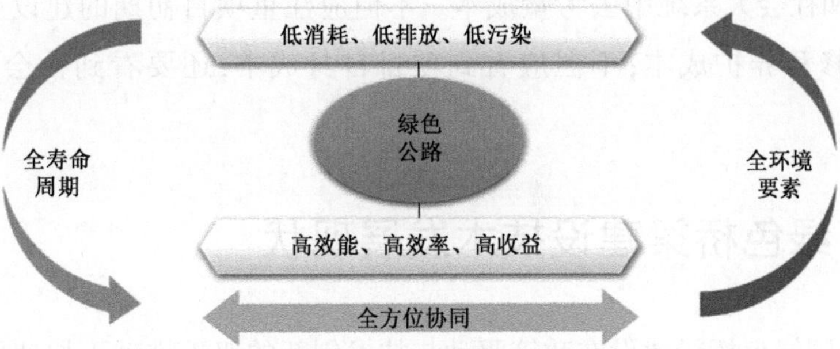

图 2-1　绿色公路内涵示意

2.1.2　绿色桥梁

当下针对绿色桥梁概念的研究很少,仅少数学者讨论了桥梁绿色施工、绿色桥梁预防性养护设计等概念。这些研究认为绿色桥梁是采用能耗低、技术先进、污染少的施工或养护技术,将对环境的破坏程度及对资源、能源的消耗尽可能降到最低的桥梁工程。参考已有相关理论,编者认为绿色桥梁是指按照资源能源节约集约、生态环境全面保护和全寿命周期效果最优等原则设计、建设和运营的桥梁工程。绿色桥梁需全面考虑绿色公路建设"五大任务、五大专项"[❶]在其设计、施工和运营等阶段的落实和深化,需更加关注桥位选址、桥梁选型、桥梁结构选择、材料耐久性设计以及运营阶段维护维修等内容。绿色桥梁特征可归纳为"全过程绿色、全要素保护、全方位耐久、全寿命经济"4 方面。

(1)全过程绿色。桥梁建设中局部绿色不是真正绿色,要将绿色发展理念贯穿桥梁规划、设计、施工、运营的全过程。

(2)全要素保护。为最大程度减少对生态环境的破坏,桥梁建设过程中要综合考

❶ 五大任务:统筹资源利用,实现集约节约;加强生态保护,注重自然和谐;着眼周期成本,强化建养并重;实施创新驱动,实现科学高效;完善标准规范,推动示范引领。五大专项:"零弃方、少借方""实施改扩建工程绿色升级""积极应用建筑信息模型(BIM)新技术""推进绿色服务区建设""拓展公路旅游功能"。

虑“水、气、声、渣、生态”全环境要素，统筹节约资源、提高能效、控制排放、保护环境各方面要求，从源头上保证工程建设选择合适的工艺、材料和技术。

(3)全方位耐久。大跨径桥梁一般位于江海河谷等环境较为复杂的区域，要特别注重建设质量和工程耐久性。针对大跨径桥梁所处环境特点和各个结构部位的功能特征，开展混凝土构件、钢结构、主缆系统、锚固系统等一系列桥梁耐久性专项设计，以降低公路运营养护成本，达到最佳的技术经济效益。

(4)全寿命经济。要从使用寿命周期的全过程去综合评价桥梁建设效益，要把桥梁放到环境和社会大系统中去考量成本。不但应注重项目初期的建设成本，还要注重后期的维修和养护成本；不但应看到项目自身成本，还要看到社会成本和环境成本。

2.2 绿色桥梁建设技术发展现状

目前，我国绿色桥梁建设在政策驱动与技术创新的双重推动下快速发展。自“双碳”目标提出以来，交通运输部相继出台《关于实施绿色公路建设的指导意见》《绿色交通“十四五”发展规划》《公路“十四五”发展规划》等政策文件，明确了桥梁绿色化发展路径。各地方及企业通过出台“绿色公路建设技术标准”“桥梁工程绿色施工评价标准”等地方标准或企业标准，提升桥梁工程绿色建设管理水平，为绿色桥梁发展提供支撑。在此基础上，绿色桥梁技术呈现集成化、智能化发展趋势。港珠澳大桥通过引入系统性环保管理体系、合理安排工期、创新施工工艺和工法等，实现了海洋环境“零污染”和中华白海豚“零伤亡”目标；深中通道将生态保护理念融入船舶航运和环保监管等多个环节，通过技术创新、工艺创新和管理创新，减少航道疏浚挖泥量超千万立方米，降低废气排放约100万m^3。2023年，科学技术部批准设立的“桥梁智能与绿色建造全国重点实验室”，将桥梁低碳排放建造与固体废弃物利用作为重要任务。

虽然我国的公路大跨径绿色桥梁建设已经取得了一定成就，但是目前的研究与实践应用以探讨桥梁绿色设计施工、桥梁绿色材料、桥梁碳排放核算、绿色桥梁评价为主，在桥梁绿色排水体系、装配化绿色施工技术、超高强度耐久型桥梁缆索材料、桥梁碳排放计算模型等方面取得了一些研究成果，针对桥梁绿色建造技术推广和应用的研究很少，还没有形成操作性强的绿色低碳桥梁建设技术体系。因此，在推进绿色公路建设已成为行业发展共识的背景下，对公路大跨径桥梁工程建设技术进行梳理集成，构建绿色桥梁建设技术体系是十分必要的。

2.3　绿色桥梁建设原则

绿色桥梁是绿色公路建设的重要内容，需遵循“全寿命周期成本最优，凸显安全绿色”“完善桥梁的使用功能，服务绿色交通”“创新桥梁的技术手段，提高生态环境效益”“提升桥梁的工程品质，达到效益最优”4 方面理念。

(1)全寿命周期成本最优，凸显安全绿色。坚持“理念的先进是最大的绿色”，统筹桥梁规划、设计、施工、运营等全过程和资源、能源、生态、环境等方面。

(2)完善桥梁的使用功能，服务绿色交通。统筹桥位资源合理选取桥型，注重结构功能，在满足建设条件和建设能力的前提下，建设“受力简洁明确、结构构造合理、施工简便易行、质量稳定可靠”的桥梁。此外，还要注重使用功能，在满足经济、耐久性的前提下，建设“便于通行、便于养护”的桥梁。

(3)创新桥梁的技术手段，实现生态环保。推动理念创新、技术创新、管理创新和制度创新，鼓励采用新型结构以节材降耗，采用数字化信息化技术推进高效集约化设计。

(4)提升桥梁的工程品质，达到效益最优。树立既经济又耐久的理念和思维，选择技术成熟、易于建设、易于养护的桥梁方案，推广应用新技术、新材料、新工艺、新设备。尝试应用高性能材料和产品，既能提高工程的耐久性，又可延长工程的使用寿命，从根源上推进大跨径桥梁绿色化建设。

2.4　公路大跨径桥梁绿色建设技术体系框架

公路大跨径桥梁建设投资动辄数十亿，工程规模大，廊道占用周期长，设计使用年限可达百年。根据对绿色桥梁内涵特征、发展现状、建设原则等的分析，桥梁绿色建设需要结合桥梁环境特点和工程特征，依托智慧化、信息化技术、管理体系创新等，着力提升工程建设在资源集约、生态保护和周期成本控制方面的水平，提升工程建设品质、减少工程资源能源消耗、控制工程生态环境影响，力争实现资源占用最少、污染排放最少、碳排放最低、建设成本最低等综合目标最优。

为综合映射与衡量绿色桥梁内涵，本书从提升社会属性和艺术属性、完善功能属性和技术属性入手，围绕绿色设计、绿色施工、绿色运营 3 个维度 17 个方面构建公路大跨径桥梁绿色建设技术体系框架(图 2-2)。

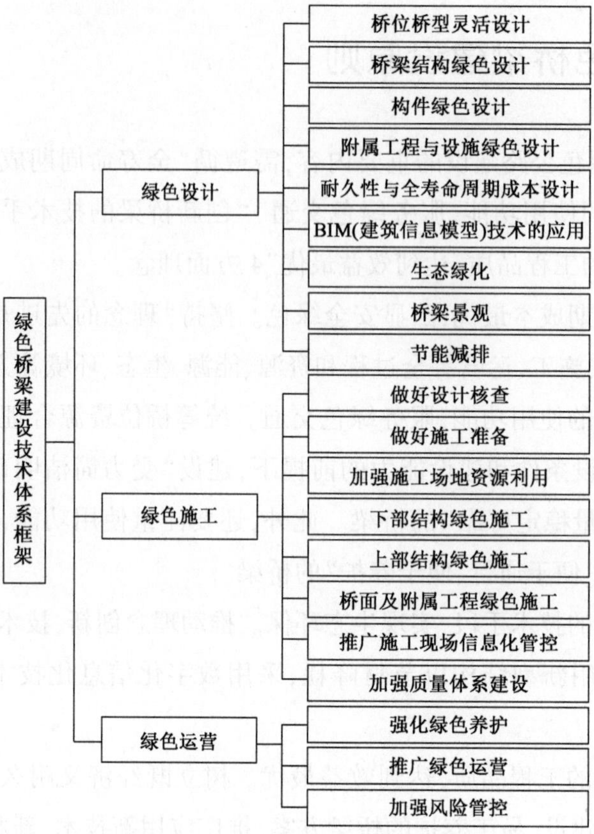

图 2-2　公路大跨径桥梁绿色建设技术体系框架

第3章　公路大跨径桥梁绿色建设技术要点

3.1　公路大跨径桥梁绿色设计

3.1.1　总体要求

大跨径桥梁设计应树立全寿命周期成本最优的理念，遵循安全、适用、耐久、经济、易于养护和利于环保的原则；应根据自然地理、水文通航、文化景观和使用功能等因素，突出安全耐久和科技引领；需开展全方位总体方案比选、标准化结构设计、建养一体化设计、环境保护设计等，实现桥梁工程的绿色耐久。

(1)总体方案设计。调查建设条件，选择桥位，确定桥型。

(2)材料选用。根据结构方案和环境特点，选择合适的材料类别和等级。

(3)结构构件设计。布置结构构件，确定基本构造、连接措施。

(4)作用分析与结构验算。根据使用功能，确定结构承受的作用，按计算假定求解作用效应，并进行承载能力和正常使用两个极限状态验算。

(5)满足特殊要求的专项设计。如建养一体化、防排水设计等。

3.1.2　桥位桥型灵活设计

3.1.2.1　桥位选择

桥位选择是桥位勘测中的一项重要工作，不但与桥梁的稳定、工程造价、施工和养护等有直接关系，而且对桥头的路线工程、当地农田水利、桥梁的建设规模、航运等有直接影响。桥位选择不仅要考虑与工程相关的建设条件和环境条件限制，还需从绿色理念角度考虑土地节约和关键性通道统筹利用等影响因素，应经过全面分析研究和经济比较后,再确定推荐方案。

(1)充分考虑环境条件。桥位尽量选择在河道或沟谷顺直、水流稳定、流速较缓的河段上,应尽量保持沟谷、水系和水流的天然状态,不轻易改移天然河道、改沟合并,科学确定桥位。

(2)节约利用岸线资源。桥位的选择应充分结合码头岸线的规划情况,并前瞻性地考虑将来可能开发为码头岸线的河段;做到既避免建桥约束码头岸线资源的开发,又避免将来码头建成后船舶航行停靠对桥梁的威胁。

(3)土地资源节约利用。在趋于紧张的桥位资源限制下,需集约利用跨越沟谷、河流和湖泊的桥位资源;统筹考虑群众利益,尽量少占农田,避免拆迁有价值的建筑物,避免桥前壅水威胁河堤安全或淹没农田、村镇。

(4)规避特殊管理的区域。桥位选择要尽量避免对沿岸现有及规划管理区域(如存在矿产、文物、取水口等的区域)的干扰。

(5)协调城镇发展相关规划。桥位走向应与城镇远景规划相协调,避免路线穿越村镇,减少拆迁,降低对城镇发展的干扰。

(6)统筹利用关键性通道。工程可行性研究阶段考虑公路、铁路和城市道路的共用问题。如干线公路、高架快速通道、市政管线、慢行系统共用通道,实现通道统筹利用。

3.1.2.2 桥型方案灵活设计

桥型方案的确定,不仅影响桥梁的建设费用,对桥梁后期运营也非常重要。桥型方案不应盲目追求“长、大、高、特”,比选不应仅局限于建设期经济性,还应考虑全寿命周期成本;要关注技术合理性、设计标准化、施工装配化、养护便利性、循环利用残值等因素,力求安全可靠、技术先进、造型美观、成果率高,并尽量缩短工期。另外,在确定桥型时还要统筹考虑桥梁长度、跨径布置和建养方案等因素。

(1)统筹分析建设条件。根据地质条件、气候条件、经济条件、施工技术水平、材料来源、运输条件因地制宜选择桥型。例如,在施工水平相对低的地区,不宜选择施工工艺复杂、工序较多、施工质量不易保证的桥型,以保证桥梁正常运营。

(2)综合考虑地形、地质条件、跨越道路、管线、渠道以及其他地物的需要,合理确定桥梁长度。当桥梁受填土高度控制或桥头引道高路堤占用农田较多时,为降低路基填土高度,可适当延长桥孔,上部结构宜采用建筑高度较小的结构类型。在软土地基路段,需结合地质条件和路基高度,进行软基路堤处理与桥梁方案的综合比选。在高填方路段,需充分结合地形地质条件、弃土取土方案及环境保护等因素,对高路堤与高架桥方案进行综合比选,合理确定经济适用的桥梁长度。

(3)合理选用大跨径特殊桥型。当桥墩高度超过60m时,宜采用连续刚构桥、拱桥、斜拉桥及悬索桥等大跨径特殊桥型。在初步设计阶段,应进行两个及以上桥型方案比选论证。桥型方案选择时,应充分考虑施工条件与技术水平。

(4)结构造型追求整体效果最优。在满足使用功能前提下,结构造型应力求适用、安全、经济、美观、新颖,富有时代风貌,充分体现当今世界建桥的新技术、新水平。要立足国情,选用技术先进可靠、经济合理适度、施工方便可行、使用安全耐久的桥型方案。

(5)桥梁结构造型应与周边环境相协调。从美学角度选择不同结构造型,梁桥线形简单流畅、拱桥线形圆缓柔美、斜拉桥及悬索桥线形挺拔。在不过多增加规模和施工难度的前提下,提高桥梁的整体美观效果。避免盲目追求桥型选择的新、奇、特。

(6)规范选择引桥的桥型。力求形式统一,在结构标准化的基础上兼顾形式多样性,发挥规模效益,尽量采用造型简洁、施工快捷、便于运营养护的结构。多跨长桥尽量采用标准化、系统化、技术成熟、经济实用的常规结构形式。

(7)因地制宜选择孔、跨方案。为便于施工、养护和更换、抢修,同一地形条件下桥梁宜按等跨径布置;受地形地物限制时,局部可采用不同跨径,但跨径种类不宜过多。

(8)充分考虑环境敏感区保护。穿越环境敏感区时,适当增大跨径,减少桥墩数量,并根据地形确定桥墩位置。跨越"V"形深沟时,考虑工程经济性、施工便利性、陡坡动土诱发地质灾害可能性、对生态环保的影响、运营期冲刷与落石风险等因素,综合比选一跨跨越方案。

(9)重视施工方案的研究比选。根据我国已具备的先进设备水平,结合施工条件,尽量选择工厂化、装配化桥型方案,以缩短施工作业时间、减小施工难度、降低风险、保证工程质量和减少投资。

3.1.2.3　桥梁纵断面适应性设计

桥梁纵断面设计包括总跨径确定、桥梁分孔、桥面高程、桥上和桥头引道纵坡及基础埋置深度等。

(1)桥梁总跨径应根据水文计算和冲刷系数确定,具体情况具体分析。如桥梁墩台基础埋置较浅时,桥梁总跨径应大一些,可接近洪水泛滥宽度,以避免河床过多冲刷而引起桥梁破坏;对于深基础,允许较大冲刷,可适当压缩河床。

(2)大跨径桥梁孔径布置首先要考虑桥下通航要求。当通航跨径大于经济跨径时,通航孔按照通航要求确定孔径,其余桥孔应根据上下部结构总造价最低的经济原则来决定跨径。布置桥孔时遇到不良的地质地段,如岩石破碎带、裂隙、溶洞等,应适当加大跨径。

(3)桥面高程应根据路线纵断面设计和计算水位(设计洪水位计算壅水、浪高等)或最高流冰水位、桥下通航需要的净空来确定。在通航和流放木筏的河流上,桥下净空应根据不同航道等级所规定的桥下净空尺寸确定,且应满足《海轮航道通航标准》(JTS 180—3)和《内河通航标准》(GB 50139)的要求。在设计跨越路线(跨越铁路或公路)桥梁时,应保证桥下通行车辆的净空高度,并满足视距和前方信息识别的要求。

(4)桥梁纵断面设计应考虑驾驶人在视觉上的自然诱导感、心理上的安全感及操作上的舒适感,并辅以车辆设计速度进行核验,力求路线的平纵组合更合理、线形更顺畅,构成顺滑的立体线形,与沿线自然景观相协调。纵断面竖曲线采用不小于一般值的半径值,以保障足够行车视距。

(5)路线纵断面应按照现有通行做法进行高程设计。一般而言,整体式路基高程为左侧路缘带左边缘的高程,分离式路基高程则为左侧硬路肩靠土路肩侧边缘线的高程。

(6)为了利于桥面排水,桥面纵坡宜设计成从桥中央向桥头两端坡度为1% ~2%双面纵坡。当桥头由于通航要求而建得比较高时,为了缩短引桥和降低桥头引道路堤的高度,可设置“人”字形纵坡。一般纵坡不宜大于4%,桥头引道纵坡不宜大于5%。

(7)桥梁基础埋置深度关系到桥梁的质量和安全,选择基础埋置深度应从实际出发,主要由桥位地质条件、荷载作用情况、上部结构的形式、水流的冲刷、地层的冻结深度、最小埋置深度和施工条件等因素综合确定。

3.1.2.4 考虑环境的综合方案比选

(1)桥型选择要充分考虑施工和运营过程的环境扰动和碳排放量等因素,特别是水源地、自然保护区等地区的桥位。

(2)施工工艺比选,采用对环境影响小的施工工艺。

(3)桥梁全线施工场地的选择与布置,应尽量少占用绿地面积,减少对陆域生态环境的破坏。

3.1.3　桥梁结构绿色设计

3.1.3.1　推广钢结构应用

钢结构桥梁具有跨度大、抗扭刚度大、强度高、抗震性能好、自重轻、预制加工方便、施工周期短、整体性好、外形简洁美观、钢材可循环利用、对外部环境影响小等诸多优点，尤其大跨径桥梁应用钢结构优势更为明显。推进钢结构桥梁建设，是落实绿色发展理念的重要体现，可以提高结构安全性和耐久性，降低全寿命周期成本。

(1)根据项目所在区域的实际情况和经济承受能力，基于全寿命周期成本(投资成本、运行成本、养护成本、维修成本和废弃处理成本等)考虑，经充分技术和经济比选后，鼓励选用钢结构桥梁。钢结构桥梁对比混凝土桥梁的优势分析如图 3-1 所示。

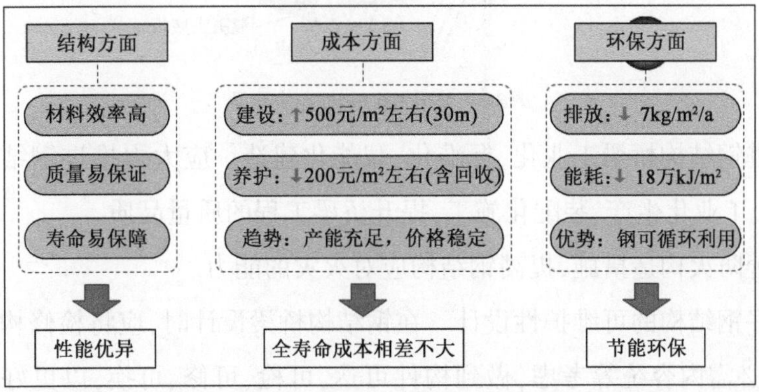

图 3-1　钢结构桥梁对比混凝土桥梁的优势分析

(2)特大跨径桥梁、地震烈度 7 度及以上地区的高墩大跨径桥梁、弯桥、坡桥、斜桥等特殊形式桥梁，应优先选用钢结构桥梁。

(3)特大跨径桥梁优先选择钢桁梁和钢箱梁，中等跨径桥梁在条件具备情况下优先选用钢混结构。钢桁梁适应性强、易于检查维修，适用于特大跨径桥梁，但用钢量较大，造价相对较高。钢箱梁结构相对较轻，在横风作用下稳定性好，适用于特大跨径桥梁。钢-混组合箱梁(图 3-2)的整体刚度大，适用于较大跨径桥梁；波形钢腹板 PC(预制混凝土)组合箱梁(图 3-3)自重轻、可少支架施工，适用于特大跨径桥梁。

(4)对于大跨径悬索桥、斜拉桥和拱桥及部分桥梁的主梁、钢塔和钢拱等，可以充分利用钢材在比强度上的优势。

(5)设计阶段应结合建设条件对架设方案和运输路径进行规划，合理选择钢结构横断面形式和节段长度。

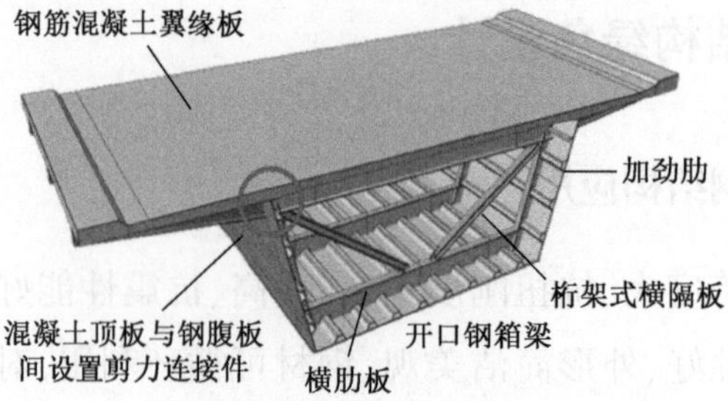

图 3-2　钢-混组合箱梁

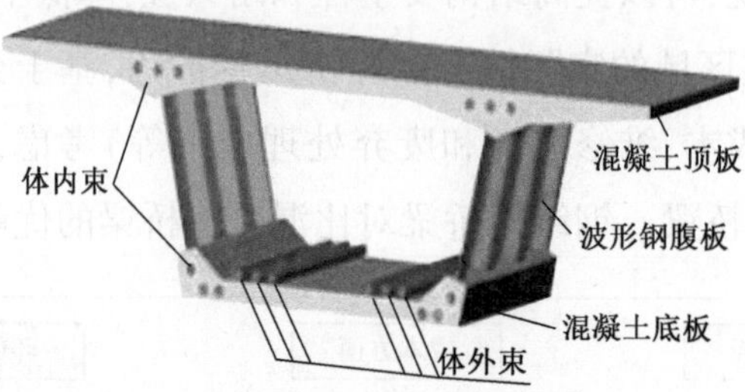

图 3-3　波形钢腹板 PC 组合箱梁

(6)推进钢结构桥梁工业化、标准化、智能化建造。应大力推进钢结构桥梁建设标准化设计、工业化生产、装配化施工,提升桥梁工程的质量品质。

(7)完善防火构造措施,提高钢结构应对火灾的能力。

(8)做好钢结构的可维护性设计。在钢结构桥梁设计时,应将检修构造作为桥梁结构设计的必需内容统筹考虑,做到构件可达、可检、可修、可换,以更好地保证结构的使用寿命和安全性。

3.1.3.2　倡导装配化结构

(1)鼓励采用节段预制拼装箱梁。节段预制拼装箱梁是将箱梁梁体分为若干节段,在工厂预制后运至桥位进行组拼,通过施加预应力将节段整体拼装成桥的施工工艺。节段预制拼装箱梁广泛应用于我国越江跨海通道非通航孔桥和城市桥梁建设,其施工速度快、控制精度高、对周边环境的影响小、资源利用率高、有利于环境保护与节约资源,符合现代桥梁的发展趋势。

(2)鼓励采用整体预制吊装箱梁。长大跨整体预制吊装结构将箱梁梁段划分为比较长的节段,在工厂完成箱梁的制造,利用大型运输船将大节段运输到梁段架设位置,利用海上大型浮式起重机将梁段直接吊装到要求位置,主要用于越江跨海通道深水区桥梁。

3.1.3.3　基础方案设计因地制宜

基础是直接承受荷载作用，并将其传递至地基的结构构造。在桥梁基础中占比达到40%的桩基础，是目前研究的重点。钢管复合桩、桩基后注浆、挤扩支盘桩、沉井基础等技术逐渐成熟，显著提升了桩基的承载性能和综合效益。

基础方案比选时，需全面考虑下列因素：

(1)受冲刷和水流侵蚀的桥梁基础优先选用桩基础，冲刷深度小且地质条件好时可选择扩大基础，但扩大基础须有足够埋置深度。

(2)跨越敏感水体桥梁水中基础宜因地制宜采用沉入桩、灌注桩、沉井等桩基形式，以减少对河床或湖底的扰动影响。

(3)当墩台桩基位于河中、岸边、软基上或所在位置低液限黏土、粉土覆盖层厚度大于4m时，采用钻孔桩基础。

(4)较陡坡面上不宜采用扩大基础和承台群桩基础，以避免大面积开挖破坏边坡稳定，减少对自然地貌的破坏。

3.1.3.4　提高结构抗风险能力

(1)增加墩柱延性，加强防落梁设计，综合运用阻尼器、锁定装置、缓冲器、隔震支座等装置减小地震反应。

(2)位于高烈度地震区的大跨径桥梁除了设置常规的防震挡块、橡胶缓冲吸能块等常规抗震措施以外，还应进行减隔震设计。

(3)针对钢结构桥梁自重轻的特点，加强上部结构的抗倾覆构造设计和验算，保证结构稳定性。

(4)采用双曲面球形隔震支座。双曲面球形减隔震支座将普通平板滑板支座的滑动面改为球形曲面，使其在竖向力作用下具有滑动位移的自我恢复功能。双曲面球形减隔震支座可以在任何方向转动，但滑动方向随支座类型而定。

3.1.4　构件绿色设计

桥梁主要构件推荐采用标准化设计、工厂化预制，然后运输至桥位进行机械化现场拼装。桥墩的盖梁、墩柱、基桩以及桥台的台身、挡土墙等作为基本构件，根据其尺寸采用整体预制或节段预制。

3.1.4.1　构件标准化设计

(1)形成标准化、系列化的结构构件体系，包括截面形式、用钢等，力求用最少种类的标准“积木”搭建尽可能多样的桥梁。

(2)构件应按承载力极限状态验算强度和稳定性。作用组合效应设计值按《公路桥涵设计通用规范》(JTG D60)规定计算，疲劳计算应按《公路钢结构桥梁设计规范》(JTG D64)的有关规定执行。

(3)构件设计其他内容，如受力构件、受弯构件、拉弯压弯构件等，应满足《公路钢结构桥梁设计规范》(JTG D64)的要求。

(4)考虑环境多维侵蚀影响，构件边角区宜采用较大角度过渡。

(5)装配式混凝土通道、涵洞等预制结构物应优先采用标准化设计。

(6)对于钢结构桥梁，鼓励现场采用螺栓连接，优化钢结构分解方式，减少现场焊接。

3.1.4.2 构件工业化生产

在工厂对桥梁构件进行集中批量机械化生产，不仅可以解放劳动力、降低安全风险，还可以提高工程建造质量、减少对环境的污染。

(1)小型构件工业化。桥梁建设所需伸缩缝立柱、扶手立柱、栏片、柱帽、栏杆遮板、声屏障遮板等小型构件可进行工厂化生产。

(2)大型构件机械化。桥梁大型构件尽量采用在工厂预制，使用现代化、智能化施工装备，运输到现场进行吊装、架设，促进桥梁施工品质的提升。

(3)强调工程构件生产工厂化与现场施工装配化，提升施工质量的同时减少人力成本。

3.1.4.3 构件可更换设计

桥梁设计应考虑建设与养护需求，做到构件可换、养护可达，保证结构在建设及运营过程中具有良好的使用性能，实现周期效益最大。

(1)推广应用不中断交通的构件更换技术。

(2)应保证系杆、吊杆、体外预应力等关键构件可更换。应为更换构件预留足够操作空间，满足检查与维护的可达性要求。

(3)桥墩或盖梁顶部预留放置千斤顶等提升设备的空间及运送支座通道，为工作人员留有操作平台。

(4)伸缩装置应设置可靠的排水系统，防止积水腐蚀桥梁结构及桥台，并尽量在不中断交通的情况下进行更换。

3.1.5　附属工程与设施绿色设计

桥梁附属结构与设施引入绿色设计理念,是桥梁创新发展的重要方向之一。

3.1.5.1　桥面铺装精细化设计

我国建成并投入使用大跨径钢箱梁正交异性桥面板桥梁已有10余年。部分桥梁通车后不久桥面铺装即出现较为严重的疲劳开裂、高温车辙、黏结层失效或脱层、横向推动和拥包等病害,因此设计阶段应高度重视钢桥面铺装设计。

(1)整体考虑钢箱梁桥梁铺装体系,通过综合变化正交异性钢桥面板的结构参数和铺装层的参数进行优化设计。

(2)钢桥面铺装对温度的变化较为敏感,加之我国的地域比较广阔,各区域气候温差变化较大,纵观国内外钢桥铺装应用及性能表现情况,很难简单确定某种钢桥面铺装方案的优劣。因此,需要根据气候的实际状况、温湿度变化,对铺装层的设计方案进行调整和完善,尽量降低钢桥面铺装对温度作用的敏感性,使其能够在高温环境下抗车辙、低温环境下防开裂、中温环境下抗疲劳。

(3)钢桥面铺装除了要满足抗变形和其他路用性能的一般要求外,还必须具有与钢桥面板良好的黏结性、防水抗腐蚀性以及适应加劲梁面板局部弯曲变形的抗疲劳性等。

(4)积极研发和应用新型钢桥面铺装材料。鼓励在参考铺装经验基础上,创新研发更清洁环保、性能更好的钢桥面铺装材料。对于建设在自然风景区或其他对环保要求较高地区的桥梁,可以考虑使用聚氨酯混凝土作为铺面材料,降低施工及运营期的碳排放量。

(5)合理选择防水黏结层。在钢桥面铺装设计及作业过程中,既要考虑如何在复杂的施工环境中获得牢固的黏结效果,也要考虑符合预期的整体防水效果。

(6)大跨径混凝土桥梁桥面铺装需要考虑桥面铺装的力学性能要求,并在力学分析基础上进行桥面铺装结构及材料设计。

(7)根据具体施工条件、桥面板的表面特点、材料性能要求等综合因素,确定黏结层材料及施工方案。

(8)统筹考虑沥青混凝土材料特性、施工要求及桥梁荷载等因素确定铺装层厚度。

3.1.5.2 附属设施低能耗设计

(1)合理选择附属设施位置。统筹桥梁周围路网设置情况进行整体设计,尽量选择劣地或荒地,减少林地或耕地的占用。

(2)集约附属设施用地。结合项目现状,尽量将附属设施进行合建,最大限度减少附属设施对土地的占用和对周边环境的破坏。

(3)永临用地结合。合理利用项目沿线拌和站、预制场等临时用地建设附属设施。

(4)充分利用既有房建设施。尽量对现有建筑进行改造利用,实现资源设施的节约利用。

(5)鼓励将管理中心、养护站等建筑设施设计为被动式超低能耗绿色建筑。这样既可以降低建筑物的能耗,也可延长建筑物的建设寿命,体现建管养全过程的绿色化。

(6)根据项目日照时间情况和房建区基础设施的用能需求规模与用能时段分布特点,选择性在桥梁顶部、房建屋顶、车棚顶、房间场地空旷位置、桥位周边空旷位置设计太阳光伏系统。采用太阳能利用最大化的布置方式,将太阳能可转换为电能与热能,为桥梁管理处等房建区供电及供热。这样既提高了新能源使用效率、节省了电费,又减少了污染物的排放、倡导了节能减排理念。

3.1.5.3 防撞设施设计

河道中设置的桥墩,对航行的船舶来说,是影响船舶通航安全的障碍物,降低了通航船舶和桥梁的安全系数。因此,防撞设施不但要保护桥梁安全,还应最大限度地保护撞击船舶的安全,防止因船体撞击破损导致的泄漏和水体污染。

(1)根据桥区实际情况,统筹考虑桥墩的位置和外形尺寸、容许抗撞力、水速变化、水文等参数以及通航船型、航速等因素,采用不同类型的防撞方式。目前,大跨径桥梁常用的防护设施有人工岛、管形浮钢围堰、防撞钢套箱、复合材料薄壳筑、沙围堰、漂浮网状结构、钢飘或浮箱、船型防撞、缓冲材料(橡胶护舷)、重力式结构等。

(2)当水底表面存在厚度较大的软土层时,由于持力层所处深度较大,不适宜采用重力式或围堰等具有较大水平方向抗力的主动防撞设施;当桥梁建设在波浪、潮差、潮流流速较大的环境时,不宜采用附着式浮箱防护结构。

(3)水上施工难度较大,防撞设施应尽量选择便于施工、修复与维护的类型。

(4)尽量选择水腐蚀影响小、绿色环保的防撞设施材质,减少对水环境的影响。

(5)桥梁防撞设施设计不仅应满足防撞、消能、改变船头航行方向、降低船舶装机力等功能,还应考虑美学和艺术景观等因素。在不占用航道、不影响船舶通航的前提下,使桥梁与防撞设施在整体景观上相互协调一致,最大限度发挥桥梁防撞设施的警示和艺术景观作用,达到保护桥梁和船舶安全的目的。

3.1.5.4 伸缩装置针对性设计

(1)因地制宜选择伸缩装置。公路桥梁中应用较多的伸缩装置包括单缝式伸缩装置、模数式伸缩装置、梳齿板式伸缩装置、无缝式伸缩装置和橡胶板式伸缩装置。无缝式伸缩装置(图3-4)在构造上具有天然优势,在桥面处无间隙;填缝料为弹塑性材料,减振和降噪性能较好。橡胶板式伸缩装置(图3-5),与桥面间无间隙,仅橡胶板有较小的变形构造,本身为弹塑性材料,具有一定的减振和降噪效果。模数式伸缩装置和梳齿板式伸缩装置,为钢质结构,与车轮之间的减振效果一般,目前主要通过改进构造间隙优化其降噪性能。模数式伸缩装置的降噪构造如图3-6所示。

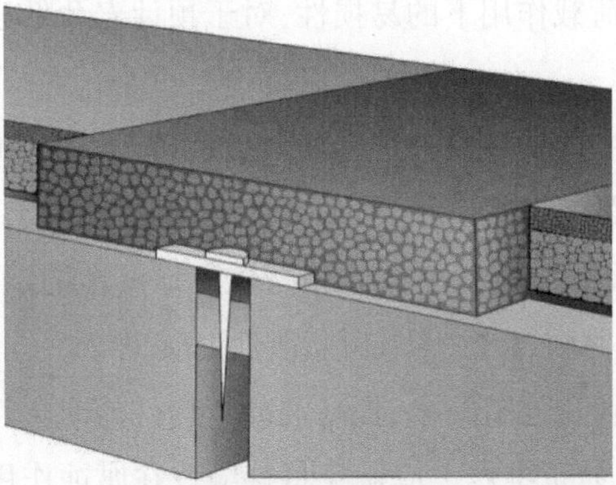

图3-4 无缝式伸缩装置

图3-5 橡胶板式伸缩装置

图3-6 模数式伸缩装置的降噪构造

(2)伸缩量为500mm以上的伸缩装置优先选择钢梳齿板式伸缩装置和模数式伸缩装置。

(3)当桥梁纵断面为平坡时,可选用齿板式伸缩缝;当纵断面有坡度时,建议选用模数式伸缩缝。

(4)在实际选用时,建议伸缩装置的型号适当选择大一些,尤其是安装时不能随安装温度而调整安装跨度的钢梳齿板式伸缩装置,应避免拉坏现象的发生,延长伸缩缝使用寿命。

3.1.6 耐久性与全寿命周期成本设计

3.1.6.1 耐久性设计

考虑永久构件和可更换构件的特点,重视桥梁结构的耐久性设计,统筹建设与养护需求,桥梁耐久性设计应满足下列要求:

(1)桥梁结构设计应考虑各部件在荷载作用下的易损性,对于预计寿命低于主体结构的部件,应设计可更换备选方案。

(2)应考虑桥梁在全寿命周期内各主要构件的养护、维修、更换情况,合理确定各构件使用寿命。易损构件有斜拉索、桥面铺装、混凝土桥面板、伸缩缝及支座等。

(3)混凝土桥梁应合理选用具有高耐久性、高工作性和高体积稳定性的混凝土,如高强度混凝土、自流平混凝土、纤维增强混凝土、环氧树脂改性混凝土等。

(4)混凝土桥梁宜采用预制装配工业化建造技术,提高混凝土构件的耐久性。连接区域耐久性设计不宜低于主体结构且易于维修。应避免将接缝设在腐蚀作用较为集中的地方。在腐蚀性介质较多的不良环境中不应使用干接缝;采用环氧胶接缝时,应在接缝表面采取附加的耐久性措施,如环接缝涂装封闭等。

(5)在高腐蚀环境下,钢结构应选用耐候钢、环氧钢筋、防腐涂层、硅烷浸渍、阻锈剂等材料提高结构耐久性。针对钢结构抵抗腐蚀问题,应完善钢结构桥梁排水系统设计,构件边角区宜采用较大的角度过渡,切实做到不渗不漏,防止桥面水对钢结构的腐蚀。在排水系统材料选择、结构设计和施工安装等方面,强调精细化设计。

(6)钢结构桥梁构造设计应便于养护、检查,减少能积留湿气和大量灰尘的死角或凹槽。

(7)加强节点、截面过渡和连接部的细部设计,减少结构疲劳损伤,防止桥面水对钢结构的腐蚀。对于部分钢拱肋和钢管混凝土拱肋,如将上锚头布置在拱肋内部,当焊缝开裂或焊缝不严密时,雨水容易渗入;如采用外露式锚固系统,通过设置多重密封和导排水构造可建立更为可靠的防水体系，显著提升防水性能。由于防水罩失效、预埋管长度不足等，雨水渗入斜拉索的主梁锚固端。因此，在设置排水孔时，应避免在主梁锚固端形成积水。

3.1.6.2　建养一体化设计

应将桥梁运营和维护纳入工程设计与建设一并考虑，突出全寿命周期设计理念，强调系统性以及结构设计与养护设施的统一。

(1)统筹桥梁的规划、设计、施工、运营、养护全过程的资源占用、能源耗费、环境影响等，做到全寿命周期最优。应积极推进钢结构桥梁的应用，尤其在大跨径桥梁、非标准跨径桥梁、跨越通行道路桥梁应用中，发挥其全寿命周期成本优势。

(2)全面贯彻公路桥梁预防性养护理念。以桥梁没有发生结构性破坏为前提，不以提高桥梁结构承载能力为目的，在桥梁没有发生明显损坏尚满足使用功能要求的情况下进行有计划的主动性养护。

(3)针对悬索桥、斜拉桥等复杂桥型，宜积极应用BIM(建筑信息模型)技术，搭建桥梁建设期BIM协同管理平台和运营期GIS(地理信息系统)+BIM养护管理平台，提升各阶段的工作品质和自动化程度。

(4)按《公路工程特殊结构桥梁项目设计文件编制办法》(交公路发〔2015〕69号)要求编制桥梁用户手册。

3.1.6.3　全寿命周期节能减排效益分析

根据桥梁全寿命周期节能减排核算指标体系与技术方法，进行桥梁全寿命周期节能减排核算，评估其资源环境效益。

(1)针对桥梁全寿命周期，包括桥梁的设计、原材料的生产加工、现场施工、桥梁运营和维护、桥梁退役等主要阶段，构建各部分的全寿命周期直接能源消耗、间接能源消耗、直接排放、间接排放的全寿命周期节能减排核算指标体系，重点评估桥梁设计、施工和运营过程节能减排效果。

(2)根据全寿命周期清单分析方法的理念，基于国家绿色公路创建和相关规范要求，建立桥梁全寿命周期节能减排核算方法，核算桥梁从设计到退役的全寿命周期过程物质和能量消耗情况，进而得到以单位桥长和单位原材料消耗表示的桥梁全寿命周期对资源环境的正面与负面影响。

(3)依据核算与评价所得桥梁全寿命周期资源能源消耗与环境排放结果，对桥梁施工、运维、退役等过程，提出工程绿色化、智能化建设的资源节约与循环利用要求，提出桥梁全寿命周期原材料节约、能源高效利用、建筑垃圾与废旧材料循环利用的相关建议与操作指导。

3.1.7 BIM 技术应用

悬索桥、斜拉桥等复杂桥型,制造工艺和连接节点复杂,节点零件较多,构件数量大、质量控制要求高,宜积极应用 BIM 技术。应用 BIM 技术可以事前模拟钢结构设计、制造、安装、管养等各阶段情况,对设计、施工、养护过程中可能发生的质量安全隐患进行全面筛查,能够更好地提升钢结构桥梁建设品质,实现降本增效。

3.1.7.1 利用 BIM 技术促进精细化设计

采用三维建筑信息模型,不仅能促进复杂桥梁设计的精细化,还能为桥梁工程信息数据的共享与传递提供有效途径,使数据再利用成为可能。

3.1.7.2 建立 BIM 可视化信息模型,优化施工图设计

(1)建立 BIM 工程三维协同设计与可视化漫游子系统。在桥梁规划设计阶段,应用 BIM 技术开展工程多专业协同设计,进行可视化方案比选,实施包括桥梁运营功能及通行安全的仿真模拟和评价。

(2)建立 BIM 工程设计协同管理子系统。在设计阶段建立两阶段 BIM 设计,以便后续开展设计图纸审查、工程算量、辅助施工图概算与招投标辅助、技术交底等工作。

(3)设计图纸审查。运用 BIM 软件平台协同设计、碰撞检测及净空检查等功能,开展施工图复核,解决图纸"错、漏、碰、缺"问题。

(4)工程算量。将 BIM 算量与设计改变联动,实现工程量即时响应,使算量高效、精确,提高设计效率,如图 3-7 所示。

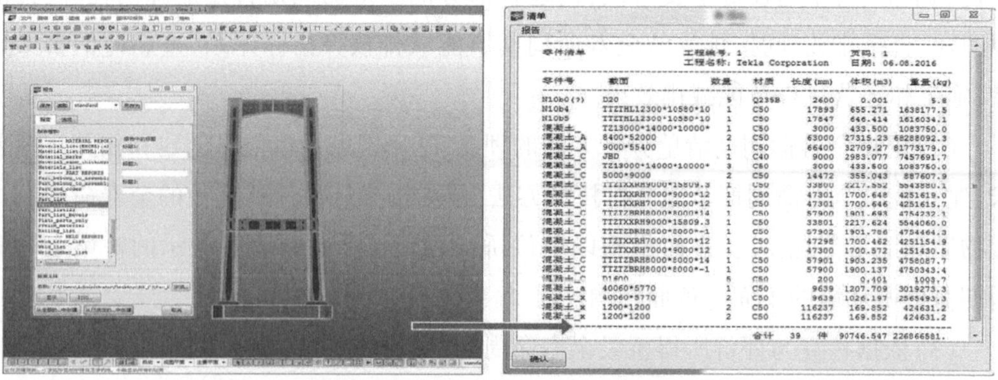

图 3-7 施工图设计中 BIM 校核工程量统计

(5)辅助施工图概算与招投标辅助。利用 BIM 辅助施工图阶段的概算,建立 BIM 工程量预算模型,对各标段招标工程量开展 BIM 复核。

(6)技术交底。充分依托 BIM 的三维模型与精细的可视化展示,开展设计阶段技术交底工作,如图 3-8 所示。

图 3-8　利用 BIM 技术进行设计交底示意

3.1.7.3　鼓励构建智慧协同管理平台

(1)鼓励构建可视化协同管理平台,推行"一物一码,一人一证",将项目全要素纳入信息化管理,为工程进度、质量、安全和计量投资管理提供一站式可视化信息管理服务。

(2)鼓励开发"云计算 + 互联网"新一代工程项目管理协同工作平台。实现设计、施工、监理、监控、检测、咨询等各方的工作协同和数据共享,实现工程建设大数据的有效收集、共享及科学分析利用。利用"物联网 + 大数据"技术,实现桥梁建设过程中的各类机械、设备、物料、构件、人员,预制构件制造、运输、装配,工地拌和站、实验室、门禁系统等内容的智能感知和在线管理。

3.1.8　生态绿化

充分利用桥位资源,加强桥面径流的消纳与净化设计,优化桥梁下部设计,节约资源并减少施工、运营期对自然环境的影响。

3.1.8.1　桥面径流收集与处理

(1)跨越饮用水源保护区和二类水体以上的桥梁,为防止污水(或有毒液体)直接排入江河水库，沿桥梁纵向应设置截水沟槽（或管道），将桥面水引入设置在岸边的沉淀池内。环保要求和运营风险高的路段可设置双层防撞护栏，防止危化品车辆侧翻入保护区。

（2）为防止跨路桥梁桥面雨水直接滴（泄）入桥下道路，沿桥梁纵向应设置截水沟槽（或管道），将桥面水引入路侧排水沟渠。

（3）邻近村镇房屋密集路段的高架桥梁应设置截水沟槽（或管道）。桥下的排水系统也应进行完善的设计，不得将桥面水集中收集至桥下后直接排至地表，以免造成冲刷和漫流。

（4）桥面径流污水处理尽可能采用生态式处理方法，根据不同的环境和地形条件，采用人工湿地、氧化塘、生物过滤、地下渗滤、沼泽地等方式来进行消纳净化。

（5）项目环境影响评价（以下简称环评）报告中有要求需设置集中排水系统的，应根据环评要求进行设计。

（6）在泄（排）水管道设计时，应充分考虑管道的防堵塞及疏通的方便性。

（7）沉淀池可按环评要求的位置、容量确定设计方案；环评无明确要求的，一般可按5年一遇暴雨强度前15min集中收汇与沉淀处理的桥面径流初期雨水量来估算。

（8）沉淀池应设在进入排放水体之前的公路排水边沟系统的末端，沉淀池的出水口处管底高程应高于周边水体的洪水位。

3.1.8.2 桥梁绿化

（1）在保证安全的前提下，可在长距离桥梁栏杆两侧设置花槽种植绿化带，也可考虑在桥梁中间设置绿化带，达到改善机动车驾驶人驾驶感受的目的。

（2）合理确定桥梁横断面布置形式，充分考虑景观效果和需求优化下部结构设计，合理设置墩台、系梁高程，尽量避免系梁、承台施工扰动边坡。生态环境脆弱地区，对墩台施工方案进行单独设计。

（3）桥底绿化。工程结束后，对工程临时占地、桥底空间进行植物恢复，优先选用本土植物，防止植物入侵。

3.1.9 桥梁景观

3.1.9.1 色彩和肌理的处理

（1）桥梁的色彩不宜过于抢眼，应与周围的环境、建筑融合。山区高速公路上的跨线桥,最好采用与裸露的土色相近的颜色或者与周围植被融合的色彩,采用与自然土、石、木等相似的肌理材质,让人感觉桥梁融于天际。近城市路段的桥梁,可以根据城市特点采用简洁明快的色彩和肌理,体现景观的时代感。

(2)利用色彩的心理效果,防止驾驶人视觉疲劳。栏杆一般采用温和亮丽的颜色,具有易识别的特点和防撞的警示作用;应避免油漆色彩在阳光直射和车灯照射下引起的炫目现象。栏杆、灯柱的色彩应醒目,但不能杂乱,避免使用极端的明暗对比或单一色调。

(3)色彩设计时应考虑当地风土人情及人们喜好。如寒冷的地方宜采用暖色调,炎热的地方宜采用冷色调。

(4)对于可行人的桥梁,可以利用材质和装饰增添桥梁趣味性。材质和图案的设计应遵从总体设计特征和结构比例关系。

3.1.9.2　景观照明

(1)大跨径桥梁亮化工程主要以体现桥梁的巨大跨度、吊杆的精巧设计以及桥梁固有的设计美感为主,不做过多的修饰。以静态灯光为主,动态灯光柔缓舒展,辅以简单色彩变化。

(2)功能照明的灯柱造型应与桥梁形态、规模及桥位环境等相协调。现代风格的桥梁宜采用简洁的灯柱造型,古典风格的桥梁宜采用古朴凝重、具有民族风格的灯柱造型。

(3)根据桥梁的美学特征,进行选择性照明,对桥梁的桥塔、主桥、吊杆进行亮化。当周边环境是夜色优美的城市环境时,宜弱化桥梁自身照明强度,使桥梁融入背景环境中,成为优美背景的补充。如纽约布鲁克宁桥,采用点光源装饰主缆,使桥梁在明亮的城市灯光背景下融入环境中。

(4)装饰照明的设计不仅要考虑美观因素,更重要的是要做到安全、适用、经济,还要使照明设施易于安装、维护和检修。装饰照明中光的照度和色彩要有利于表达主题,光线色彩变化要柔和协调;同时还要注意季节和时间变化,如在寒冷的时候采用暖色,而炎热的时候采用冷色。

(5)从不同的方位和角度进行桥梁照明设计,选取适当的亮度比,达到在三维空间环境中凸显桥体大小细部的照明效果,使桥梁总体艺术造型与具有特性的单体结构相结合。

3.1.9.3 桥头景观

桥梁是人流和车流集中的地方,往往成为人们游览观光、休憩眺望的场所或是经济文化活动中心。大跨径桥梁本身就会成为风景游览点,这使建造良好的周围景观和桥头空间变得重要起来,必须对其进行精心构思与规划。桥头建筑或周围景观的设计应以桥梁为中心,结合周围地形地貌、人文环境、社会和经济因素等进行,景观的色彩、形式应与桥梁的色彩、形式相呼应。位于公路环境中的桥梁,应保证桥下公路景观的连续性。

3.1.10 节能减排

3.1.10.1 节能照明设施

(1)桥梁照明要遵循安全、适用、经济、美观的原则,所用灯饰和照明均不能影响行车、行人、航空和航船安全。

(2)桥梁照明应采用LED(发光二极管)灯等节能灯为主,同时注意人们视觉舒适度,避免光污染。

(3)桥梁照明首先应保证桥面的交通照明,然后是桥体的夜景照明。灯具应选择照明高效均匀、安装维护方便的;照明设施和照明管线尽可能隐蔽,不能影响桥梁白天的景观。

(4)采用先进的照明控制方式,在保证视觉条件、满足视觉需求条件下,减少开灯时间,合理节能。如在车流量大时光的照度要大,而在夜深人静时可减少照明要素和亮度。

(5)采用先进的控制节能设备,既保证良好的视觉条件、提高光源寿命,又节约能源、提高线路的功率因数、降低电网及照明线路的电能损耗。

3.1.10.2 节能技术应用

(1)桥梁道路照明和景观照明可考虑风光互补的供电方式。根据所在区域太阳能和风能的时空分布特点,综合考虑桥梁照明、景观照明用能的需求规模与时段分布特点,设计可靠性强的风光互补供电系统,实现不采用电网供电的桥梁照明风光互补用能。其中,航空障碍灯、航标信号灯等一级负荷可酌情考虑使用风光互补设施。

(2)根据负荷等级提供差异化供电方案。对一级负荷(如消防系统、航空障碍灯、航道助航灯、结构健康监测数据采集站、主塔电梯及重要桥检车等）及二级负荷（如主塔内部检修照明及通风设备等）采用以传统能源利用为首选、绿色能源为补充的智能化控制技术。对三级负荷的道路照明与景观照明以绿色能源为首选，以传统能源利用为补充，制定绿色能源和传统能源协调互补的智能控制技术。

3.1.10.3 土地节约利用

绿色公路建设资源节约理念要求桥梁根据所处环境特点和项目全寿命周期，开展土地资源集约设计。

（1）工程线路设计尽量选择工业用地、空地等重要性较低的土地，尽量减少对沿线农业的影响。

（2）连接线尽量以引桥代替路基，桥墩采用每隔一定距离布设花瓶墩或门式墩，可节省占地面积。

（3）科学规划临时用地，集约节约用地。结合施工需求与场地条件，优先利用既有硬质场地、荒地或弃土场等未利用地，将桥梁预制场、拌和站、建材堆放区等临时设施集中布设，并尽量与永久征地范围重叠。

（4）统筹附属设施与临时用地协同设计。将施工期临时场地（如桥梁加工厂、拌和站）与运营期永久设施（如管理中心、养护站、变电所）统一规划，实现"临时-永久"场地转换。

（5）施工便道应优先利用已建公路，鼓励新建施工便道与农村公路建设规划、隧道应急抢险通道建设相结合。

3.2 公路大跨径桥梁绿色施工

3.2.1 总体要求

3.2.1.1 遵守相关规定

（1）全面贯彻落实国家和所在地有关环境与资源保护法律、法规的规定，项目环境影响报告书（表）提出的主要环境保护措施及建议，环境保护行政主管部门对项目环境影响报告书（表）的批复意见及要求。

（2）制定环境污染、水土流失等事故的应急处置预案，并定期组织演练。

3.2.1.2 加强监督管理

(1)对施工组织、材料采购、现场施工、工程验收等各阶段进行控制,加强对整个施工过程的管理和监督。

(2)按规定选定专业机构开展施工期环境监测、水土保持监测,并根据监测结果及时调整绿色施工方案。

(3)组织编制施工期环境保护监理、水土保持监理实施方案,并将施工期环境保护监理和水土保持监理纳入主体工程监理一并考虑。涉及自然保护区、风景名胜区及饮用水源保护区等重大环境敏感区,并可能存在重大环境影响的项目,可按规定选定专业机构协助开展施工期环境保护监理和水土保持监理工作。

(4)场地建设前建立严格的环保施工制度并加强执行管理,特殊环境敏感点应制定专门的场地环保施工方案。

3.2.1.3 加大宣传和培训力度

(1)结合工程项目的特点,有针对性地对绿色施工进行相应的宣传,通过宣传营造绿色施工的氛围。

(2)定期对建设单位、设计、施工及监理人员进行绿色施工知识培训,增强参建人员的绿色施工意识。

3.2.2 做好设计核查

为避免设计方案与现场实际情况脱节,减少设计方案中的差错纰漏,防止出现重大工程质量或环境保护问题,开工前需要对设计方案进行核查、优化。

3.2.2.1 室内设计图纸核查

(1)核查桩基桩位坐标,各部位设计高程,通道、涵洞及天桥的位置及净空。

(2)核查桥台台前防护和台后排水设计是否完善。

3.2.2.2 施工现场设计核查

(1)一阶段设计核查:核查施工图设计与现场地质、水文、地形及地物等的符合程度;根据放线后桥涵、防护等构造物的具体位置及路线横断面情况,核查桥梁长度以及通道、小桥涵及防护工程的位置、数量、结构形式。

(2)二阶段设计核查:根据已完工程及现场的地质、水文、地形、地物等实际情况,核查全线排水系统是否完善、是否有效衔接以及排截水沟断面尺寸是否满足需求;核查桥梁工程与路基衔接是否顺畅以及岸坡防护排水工程是否完善、是否安全稳定；核查桥梁、路基工程先期预留、预埋的各种机电工程管线是否合理。

(3)三阶段设计核查：对交通安全设施、机电外场设备进行核查，重点对机电管线通过桥梁、路面等情况进行核查，对机电设施预留预埋工程是否完善进行核查。

3.2.2.3 加强动态设计

受勘察深度限制，设计方案难免会出现与现场地形、地质、地貌、地物不协调、不匹配的情况。为使设计方案更好地与地形相吻合，更好地适应地质条件，更好地保护环境，更好地提高施工效率、减少资源消耗，鼓励结合现场实际情况进行动态设计。动态设计应做到依据充分、方案科学、程序规范。

3.2.2.4 制造工艺审查

制造单位应对钢结构图纸进行制造工艺审查。如果设计图存在无法制造或制造困难的构造，应及时与设计单位联系；如果需要对设计图进行调整和变更，应取得原设计单位同意。

3.2.3 做好施工准备

(1)为最大限度地减少对临时用地的占用、节约土地资源，施工临建场地建设前应充分调查沿线可利用的废旧厂房、学校、基地等场地，结合工程规模、工期、地形等特点，可将钢筋加工场、混凝土搅拌站、预制场等临建场所规划在以上位置，实现资源的整合利用，达到永临结合的目的。

(2)为减少桥涵施工过程中水土流失污染农田及饮用水，施工地点不得堆放或倾倒任何含有害物质的材料或废弃物，水土保持设施应与主体工程同时设计、同时施工、同时投产使用，并采取措施监测排放水质，确保污水、废水达标排放。

(3)桥涵施工前，施工单位可使用无人机获取施工现场及周边环境的正射影像，结合设计图纸，复核设计桥涵位置、“三改”(改路、改沟、改河)工程位置的合理性，同时排查是否遗漏，以便及早提出设计变更。这种做法提高了桥涵施工精度，减少了机械和人工误差对工程质量、安全、进度的影响。

(4)为减少桥梁施工工地的生产、生活垃圾和施工物料对环境的影响，应对生产、生活过程中产生的垃圾进行分类收集，做到垃圾分类集中堆放；同地方环卫部门形成良好的联动机制，由专业部门对垃圾进行集中处理。

(5)为减小施工过程中车辆噪声对附近居民的影响，应合理选择物资建材运输路线，调整运输时间；途经村庄时，应设置禁鸣标志，减速慢行。施工便道应尽量远离村镇、学校、医院等敏感区域，创造良好施工环境，达到和谐共建的目的。

3.2.4 加强施工场地资源利用

3.2.4.1 节材及材料资源利用

（1）优化施工方案。优化施工结构和方法，减少施工材料和设备投入。在施工方案设计时尽量考虑内部资源、可周转资源，将施工设施标准化，尽量减少新制非通用结构，从而降低资源消耗。

（2）材料集中采购和供应。根据施工方案及施工进度，提前做好材料采购计划，合理安排材料的采购、进场时间和批次，避免出现多次采购；及时进行材料核销，实行材料消耗问责制，有效控制材料浪费。

（3）预埋件埋设。预埋与施工同步进行，预埋件准确定位，避免后期开槽埋设浪费人力物力。

（4）节约纸张和打印耗材。尽可能采用无纸化办公，必须打印时采用双面打印。

（5）采用新工艺。如钢筋连接采用滚压直螺纹机械连接方式，淘汰以往的搭接焊方式，使钢筋连接零损耗。

（6）钢筋下料。钢筋下料时，充分考虑长料长用、短料短用、长短搭配，减少下脚料。

（7）合理利用废料。将短的钢筋头加工成拉杆、架立钢筋；将边角余料加工成三角形径板等；将现场不能再利用的废旧料分类回收，联系相关单位集中处理。

（8）模板工程。采用坚实耐用、可重复使用的模板。

3.2.4.2 节能与能源利用

（1）制定施工能耗指标，提高施工能源利用率。

（2）在施工方案中，合理安排施工顺序、工作面，以减少作业区域的机具数量。安排施工工艺时，优先考虑能耗较低的施工工艺。

（3）建立施工机械设备管理制度，开展用电、用油计量，完善设备档案，及时做好维修保养工作，使机械设备保持低耗、高效的状态。

（4）鼓励节约用电。在生活区每间宿舍安装电表，项目部提供一定的基本生活保障用电，超额部分需由个人自行购买，节约部分由项目部返还现金作为奖励。

（5）利用新能源产品。具备条件的地区鼓励在澡堂安装空气源热泵热水机，代替传统的锅炉和电热水器供应热水,能大大减少能耗。制造相同的热水量,空气源热泵的使用成本只有电热水器的1/4,燃气热水器的1/3,太阳能热水器的1/2。

(6)建立机械设备管理台账。对于能耗高、故障率高、效率低的设备,坚决禁止进场;每月对每台机械的油耗、机械性能进行分析比较,淘汰产能落后、耗油量大的机械。

(7)对高能耗设备进行技术改造。将项目部所有照明灯具换成节能灯具,在楼道及厕所使用感应灯照明。

(8)严格控制空调温度。夏季空调温度不得低于28度,冬季空调温度不得高于18度。

(9)办公区无人时,关闭电脑、打印机、饮水机、照明灯、空调等,减少耗能设备的待机能耗。

3.2.4.3　节地与土地资源保护

(1)施工总平面布置应做到科学合理,统筹布设施工驻地、拌和站、预制场、临时便道等,充分利用原有建筑物、构筑物、道路、管线为施工服务,尽可能减少施工期间对土地资源的临时占用与损害。

(2)临时办公和生活用房宜采用经济、美观、占地面积小、对周边地貌环境影响较小且适合施工平面布置动态调整的多层轻钢活动板房、钢骨架水泥活动板房等标准化装配式结构。生活区与生产区应分开布置,并设置标准的分隔设施。

(3)施工现场道路按照永久道路和临时道路相结合的原则布置。施工现场内形成环形通路,减少道路占用土地。

(4)临时设施布置应注意远近结合,尽量避免和减少大量临时建筑拆迁和场地搬迁。

(5)应对深基坑施工方案进行优化,减少土方开挖和回填量,最大限度地减少对土地的扰动,保护周边自然生态环境。

(6)红线外临时占地应尽量使用荒地、废地,少占用农田和耕地。工程完工后,及时恢复红线外占地原地形、地貌,将施工活动对周边环境的影响降至最低。

(7)利用和保护施工用地范围内原有绿色植被。对于施工周期较长的现场,可按建筑永久绿化的要求安排场地新建绿化。

(8)根据施工现场条件合理确定临时设施,如临时加工厂、现场作业棚及材料堆场、办公生活设施等。

3.2.5 下部结构绿色施工

3.2.5.1 桩基绿色施工

(1)施工单位施工前制定专项施工技术方案和安全技术方案。对工程地质或技术条件特别复杂的钻孔灌注桩,在施工前进行工艺试桩,获得相应工艺参数后再正式施工。

(2)桩基施工采用机械钻孔时,应优先选用旋挖钻机成孔工艺,从源头上解决传统成孔工艺产生的泥浆、振动、噪声等生态环境问题。

(3)桩基施工产生的泥浆应循环利用,完工后应按照取、弃土规定处置,不得随意弃置。

(4)当采用冲击钻机成孔工艺时,桩位与民房、厂房、名胜古迹等敏感区应保持一定的安全距离,具体距离应视振动监测结果确定。

3.2.5.2 基坑绿色施工

传统基坑开挖易对周围地下水产生不良影响,土石方利用率不高,开挖基坑较深时亦存在较大安全风险。为提高基坑开挖土石方利用率、保证施工安全、保护地下水资源,宜对基坑开挖、支护方案等进行优化,对基坑渣土进行减量化及合理利用,对地下水资源进行收集利用。

(1)当开挖基坑较深时,宜在少雨季节施工;开挖前应在基坑顶面做好防、排水设施,排水措施应有效。

(2)施工单位尽量选择在枯水期进行围堰和桥梁基础水下部分施工,同时严格做好工程环境监测工作。

(3)为减少对环境污染,运送土方、渣土等易产生扬尘的车辆应采取封闭或遮盖措施,对裸露地面、集中存放的土方应采取抑尘措施。

(4)为确保基坑施工安全,基坑开挖应集中人力、物力连续作业,从开工到完成应尽量做到不停顿快速施工,基础施工完成后应及时回填。

3.2.5.3 墩(台)、系梁及盖梁绿色施工

(1)施工单位施工时产生的垃圾和废弃土石,集中清运至指定地点堆放,及时处理,不得随意裸露弃置。不应将土石堆积在路堑上方坡面或填方沟谷中,以免遇强降雨引起严重的水土流失。

(2)为避免泥土淤积和桥下、桥头边坡冲刷,施工场地应始终保持良好的排水状态。修建有足够泄水断面的临时排水渠道,并与永久性排水设施相连接。

(3)桥梁下部结构施工完成后,应尽快清理桥下施工现场、恢复耕地,完成桥下空间复绿施工。

3.2.5.4　水域作业绿色施工

(1)水域作业时,应严格检查施工机械和船只,防止油料泄漏;油污、废弃物、生活垃圾、船舶压载水及其他有害物应收集后带回岸上集中处理,严禁随意抛入水体。船舶应配置相应的防污器材和设备。

(2)水域桩基施工或抛填作业时,应准确定位并优化施工工艺,减小施工对生态系统造成的影响。钻孔灌注桩施工前,应先施打钢护筒。钢护筒顶高程应高于最高水位一定高度,防止泥浆外泄。抛填作业船只运输时投料舱应关闭严实,避免泄漏。

(3)水上桩基施工时,可将相邻桩护筒作为循环池。将多余的泥浆排放至泥浆船远运排放,或用罐车抽取后排放;排放应符合环保要求,不得污染水源。

3.2.5.5　筑岛围堰绿色施工

(1)施工前应明确围堰用的土袋、板桩或套箱的数量,对围堰材料进行编号,保证施工前后数量一致,避免遗留在水体中妨碍行洪或航运。

(2)施工现场材料应堆放整齐有序,废弃的包装材料应及时清理收集。

(3)围堰施工应充分考虑施工周期内与水文的相互影响。施工时,围堰内的开挖土方应外运至指定区域,不得随意堆放或排入水体。基础施工完成后,应尽快将围堰拆除,围堰底和周边的土方应清除干净,恢复原地貌。

3.2.6　上部结构绿色施工

传统桥梁上部结构施工需占用大量土地,对原地貌会造成较大程度破坏,对环境影响较大。为保护环境、保证施工质量、提高施工效率,应推广智能预应力张拉压浆设备,布置场站时应尽量采用永临结合等措施减少土地占用。

3.2.6.1　梁体预制及安装

(1)梁体钢筋宜在胎架上进行绑扎,绑扎完成后整体吊装,以保证钢筋骨架质量、提高施工效率。

(2)梁体预应力管道宜使用定位架实现管道快速、准确定位,从而提高施工效率。

(3)梁体混凝土浇筑时,用型钢焊接而成的浇筑平台作为施工人员的作业平台,既方便施工人员作业,又可防止施工人员踩踏钢筋导致钢筋变形。

(4)梁体混凝土凿毛,推广应用环保型凿毛机或水洗凿毛工艺。

(5)预应力筋张拉,推广应用智能预应力张拉系统。该系统通过计算机控制,自动完成预应力张拉并生成张拉记录,可以提高施工效率,实现张拉过程实时和远程监控。

(6)预应力管道压浆,推广应用智能预应力真空循环压浆系统。该系统以自动化控制代替人工操作,可实现压浆过程实时和远程监控。

3.2.6.2 现浇梁绿色施工

(1)现浇梁施工前应制定专项技术、安全、环保施工方案,并经审核批准;确保基础及下部结构已施工结束且质量验收合格。

(2)现浇施工采用梁柱式支架时,建议采用钢管桩基础代替复合地基、扩大基础等对原地貌影响较大的基础。钢管桩通过振动锤打入或拔出,可重复使用,节材高效,如图 3-9a)所示。

(3)现浇梁纵、横坡坡度较小时,支架预压建议采用水袋预压,以检测支架弹性变形量、消除支架非弹性变形。水袋预压拆除方便、加载或卸载快捷,且水袋可重复使用,如图 3-9b)所示。

a)钢管桩施工

b)水袋预压施工

图 3-9 现浇梁中钢管桩及水袋预压施工

3.2.7　桥面及附属工程绿色施工

传统桥面系及附属工程施工时易产生废弃物、噪声等污染。为避免环境污染、提高施工效率,应采取严格管理措施和推广先进的施工机具,从而达到绿色施工的目的。

3.2.7.1　优化桥面施工

(1)严格控制桥面施工作业温度和作业时间,减少污染排放。环氧沥青应采用专用混合机拌和,工作温度应控制在140℃左右,并通过专用管道将环氧沥青输送至搅拌器与集料混合。使用红外线测温仪监测环氧沥青混合料的出料温度,确保温度稳定在120℃左右;当环境条件不满足要求时,应通过相关措施保证施工质量。

(2)提高桥面铺装施工机械化水平。对钢桥面铺装中关键工序和质量风险点,引进或研发智能化设备,保证施工质量。例如,大型双组分高压无气全自动喷涂系统,可以实现全断面自动匀速喷涂与厚度动态控制,工作效率提高2~3倍;多段位程控分频自动点火控温、大扭矩低转速的搅拌运输车,满载升温速率达到8℃/min,温度离散性≤2℃,氧气浓度降低60%,减少了混合料温度离析和热氧老化;多轮组碎石碾压机,具有精确控位、联动调控的优点,解决了人工碾压不均匀、嵌入深度难以控制等难题;多组分嵌固封层施工车,可以5参数联动控制、三重叠喷洒,解决液固相材料难以雾化、易离析等难题,实现4组分高黏材料悬浮态共混喷涂施工。

(3)精细施工细节控制。在首次使用新工艺、新设备时,应通过大量工艺实验来科学确定施工工艺细节,验证原材料性能、沥青混合料施工配比、拌和时间及控制温度、各设备的性能参数及匹配作业等内容。

(4)为了保证钢桥面与防水黏结层的黏结效果和桥面的耐久性,需要对钢桥面进行喷砂除锈。但如遇大风、大雾、大雨、降雪等天气,则不宜进行钢桥面喷砂除锈、喷涂等施工作业,避免引起环境污染。

(5)钢桥面铺装防水黏结层的施工,需要从钢桥面处理到黏结层铺设,层层进行控制。施工时对钢桥面表面打磨处理并涂抹环氧富锌底漆,有利于提高防水黏结层的黏结强度;底漆涂抹不宜过厚,控制在60~80μm。施工环境温度建议不应过低,宜在0~45℃,钢板温度要高于露点3℃以上;外界风速不宜过大,应小于三级,避免喷涂材料的聚集和褶皱;环境相对湿度不宜过高,控制在60%以下,确保防水黏结层的黏结强度和抗剪强度。

3.2.7.2 精细施工管理

(1)对于改性沥青、MMA(防水黏结材料)等工业材料,要求做到材料源头可追溯。对改性沥青要求使用专库、专罐中转及储存,避免反复加热加速沥青老化,避免不同批次产品混合导致质量不稳定。

(2)对于沥青混合料集料(粗、细集料及矿粉)等非工业材料,推荐采用准入考核制。鼓励施工单位采购原材料、自建工厂、采购机械化加工制造设备,实现工厂化生产。

(3)管理人员须对自动化加工生产线设备及试验检测仪器配置情况、生产及技术检测人员配置及培训情况、生产工艺流程、试验结果分析、质量控制体系、仓储及运输条件和生产能力评估等开展准入制考核。

(4)施工前实施试验段和首件工程认可制。实施的工序包括钢板的喷砂除锈,防水黏结层涂布,以及沥青混合料的生产、二次搅拌、摊铺和碾压等。

(5)技术管理人员应严格按照项目技术交底的内容,做好工前检查,严格执行施工过程技术要求与技术要点;安全管理人员在施工前对技术员、工人、机械操作员进行安全交底;在指定运料车调头点派专职安全员值班调度,统一指挥车辆并检查车辆轮胎是否干净、无杂物,确保运输车辆在行驶过程中速度不过快。

3.2.8 推广施工现场信息化管控

3.2.8.1 创新施工管理技术与制度

(1)以信息化系统为平台,积极运用视频监控技术、PDA(便携式数据采集设备)现场数据采集技术、无线通信与数据传输技术、身份识别与定位技术、检测数据加密技术、无损检测技术等保障施工安全与质量。在施工中引入信息化管理体系,实现动态、科学化管理。

(2)为实时了解桥梁施工状态,对突发事件提前预警,推广应用桥梁智能信息化监控系统,加强桥梁施工监测和监管力度,确保施工安全、质量及进度。

(3)桥梁智能信息化监控系统是基于GIS(地理信息系统)的管理系统,利用现代电子、信息、通信及计算机技术,实现对桥梁监测指标的实时采集、传输、预警,主要监测内容有环境监测、应力应变监测、变形监测等。利用该系统可实时了解桥梁施工状态,对突发事件提前预警,确保施工安全和质量。

(4)根据高速公路建设管理需求,推广应用无人机等设备对施工现场进行实时数据采集。通过数据处理与应用分析,形成现场施工质量、安全、进度数据,第一时间将现场信息展示于移动终端,指导管理人员做出合理决策,及时对现场发生的问题做出反应。这种方法提高了项目管理效率,降低了管理成本,减少了安全风险,保证了工程质量和进度,为实现项目的增值提供了可行的手段。

(5)鼓励构建 QHSE(质量、健康、安全、环保)管理体系,实现全方面管理。基于 QHSE 管理体系的整体性、层次性、持久性和适用性的基本特性,构建整合型 QHSE 管理体系,结合“绿色公路”要求,建立标准化施工长效机制,实现工地标准化、工艺标准化和管理标准化,让“标准成为习惯,习惯符合标准,结果达到标准”。

3.2.8.2 推广建立信息化施工管控平台

目前施工管理中存在信息庞大、信息存储分散、活动界面管理矛盾突出、资源浪费严重、生产率提升困难等问题,管理对象、管理内容和管理流程也趋于复杂化和网络化。建立信息化施工管控平台,可以实现对施工阶段进度、质量、材料、人员等管理对象的可视化、信息化和智能化管理。

推广建立以 BIM 为基础的施工管控平台,对桥涵施工进行预见性管理。该平台是一种应用于工程设计、建造、施工管理等方面的数据化工具,可应用于桥涵工程的全寿命周期中,通过设计复核、工序模拟、进度模拟、可视化交底和成本管理等,为桥涵施工管理的各个环节提供可视化的超前管理手段,预见性地分析各阶段施工存在的问题,为高效、精确、安全、环保地完成施工任务提供技术支持。应用该平台能够提高施工质量,减少施工过程错误的发生,降低工程成本,缩短施工工期。

(1)进度管理。利用 BIM 可视化特性,能够直观、准确反映工程建造过程和资源利用情况,使工程进度具象化。通过虚拟模拟对工程进度进行预测和评估,将问题暴露于施工之前,有助于及时改进和优化进度计划及对进度实时、动态管理。管理过程中还可通过现场信息的实时反馈来确保模型数据的动态更新。

(2)质量管理。主要包括材料设备管理与施工现场管理两部分。BIM 能够适应质量管理中过程控制和动态管理的特点,整体或局部分项的质量都可以反映在模型中,方便工作人员直观了解和准确分析现场情况,做出科学决策。通过现场采集信息、信息录入模型和质量追踪管理等有效辅助施工质量管理和提高管理效率,并通过采用三维技术交底、三维定位、质量安全监控、质量验收管理等实现事前、事中、事后的质量控制。

(3)材料管理。包括机械设备和物资材料的管理。在基于 BIM 的材料管理中,施工单位负责录入各项材料的采购记录、出入库记录、合格证、质保书、检测报告、消耗情况等信息,并在模型中关联各构件元素,实现对材料的全方位、全过程、实时动态管理。监理单位可以通过 BIM 平台进行材料信息的审核,将审核结果存入平台并生成文件报表;在模型中标注所审核的工程部位,方便在后续工作中查阅调用。

(4)温度控制。在悬索桥锚碇超大体积混凝土浇筑过程中,需要对温度进行控制。温度控制系统主要针对大体积混凝土施工过程中的温度控制问题,结合传统大体积混凝土的冷却通水降温措施,通过计算机终端将温度数据传输至 BIM 平台和调节器。同时,BIM 平台与自动化设备相连接进行远程监控,从而达到控制混凝土内部温度、减少混凝土内外温差的目的,实现可视化、智能化的温度控制。

(5)人员管理。人员管理贯穿整个施工过程,主要涉及各专业层次人员配置、实名档案、资质统计、考勤管理和人员职责范围等内容,为进度计划资源合理配置、薪酬计核、责任追溯等提供依据。

3.2.8.3 BIM 施工模拟

(1)模拟不同施工方案。利用 BIM 三维可视化技术,开展施工方案模拟,从而优化施工方案、提高施工效率。

(2)模拟地形辅助施工场地布置。通过 BIM 三维可视化技术,根据施工场地地形特点,模拟布设施工营地、预制化工厂等施工场地。

(3)BIM 施工监控管理。基于设计阶段 BIM 成果,通过深化设计,建立施工阶段 BIM 应用体系,实现超大型沉井基础施工全过程三维可视化监控、预制构件的施工与制造、场地优化布置、三维空间精确放样、施工工艺方案模拟、成本 - 时间优化等,提升大型桥梁施工的精细化管理水平。

(4)标准化建设管理监控。通过 BIM 技术协同管理平台可开展工厂化构件远程进度质量管理,主要包括钢桁梁生产制造、鞍座及索夹生产制造、预制截断箱梁生产制造等标准化施工。

3.2.9 加强质量体系建设

3.2.9.1 施工标准化

(1)桥梁工程施工前应按照“连续性、均衡性、节奏性、协调性和经济性”原则,编制可实施的施工组织设计。从关键节点出发,总结以往工程成功经验,借鉴、吸收其他行业、项目的成熟技术,通过采取措施,有效地提高和解决施工中存在的质量问题。

(2)桥梁工程施工应积极而慎重地推广应用新技术、新工艺、新材料、新设备，把握关键环节，积极总结应用成果，提高施工管理和技术水平服务。

(3)桥梁工程施工前应根据实际情况进行施工安全风险评估，避免出现实施过程中疏于控制、操作上执行力度不足的问题，提高施工现场安全预控的有效性。

(4)桥梁工程施工应严格执行公路工程相关的法律、法规、技术标准、规范、规程、规定。

3.2.9.2　首件工程管理

(1)实施首件工程认可的分项工程为：桩基、墩台身(帽)、沉井钢壳、预应力张拉/压浆、箱梁预制及安装、湿接头、桥面铺装、混凝土护栏、钢筋骨架安装、塔柱节段、钢桁架制造、索夹制造、吊索制作、伸缩缝安装、锚体现浇、标志标线、波形护栏等。其中桥面铺装工程以试验段作为首件工程，其余构件可选择在线外进行首件工程试验。每个标段的上述分项工程凡未经首件工程认可，一律不得进行大面积施工。

(2)首件工程采用标准化施工工艺，并在后续工程中推广，后续工程施工工艺标准不得低于首件工程。

(3)开工前，施工单位提出首件工程开工申请，明确实施首件工程的时间、地点、项目内容、质量标准和现场管理人员名单等。首件工程开工申请表经建设单位和监理批复后，施工单位再进行首件工程开工。申请表中需制定详细的首件工程施工方案、施工工艺流程和施工作业指导书，提供质保措施，确定自检体系和质量责任人，明确检测方法、检测频率以及重点、难点部位的控制措施、安全措施等。总监办认可后下达“同意实施首件工程”的指令(非分项工程开工指令)，并报备建设单位工程管理部。

(4)首件工程开工之前，项目技术负责人、试验负责人必须到施工现场指导施工，进行技术交底，明确具体工艺标准、质量标准、试验方法、安全标准和施工操作要求，做到所有数据记录准确。监理工程师应对首件工程实施情况全过程旁站，对施工测量成果、进场原材料和材料配合比设计进行认真复核和确认，审批首件工程开工申请和施工工艺，检验和认可所有首件工程后做好监理记录，及时对首件工程进行质量评定。

(5)首件工程完成后，由总监办组织，会同建设单位进行检测、验收和评定，线内工程直接填写检验报告单，线外试验单元填写首件工程验收单。施工单位应对已完成的首件工程的施工工艺和质量进行综合评价，提交总结报告。由监理组织有关人员对首件工程进行分析、研究，验证施工工艺的可靠性、合理性，提出改进意见，并形成评审会议纪要报备建设单位。不合格者责令返工,重新进行首件工程施工。

(6)首件工程经评审通过后,施工单位、监理工程师应根据评审报告进一步完善施工和监理实施方案作为最终方案,并在此基础上审批分项开工报告。首件工程检验评定后被认可为首件样板工程的项目,由监理组织召开现场会,对其施工工艺、技术参数以及质量、安全控制措施进行推广应用。

3.2.9.3 检验与验收

(1)钢结构制造过程中应按工序对零件、板单元、拼装、焊缝和构件分别进行质量控制检验,前一道工序检验合格后方可进行后一工序的施工。

(2)下列单位的人员应参加验收,技术复杂的项目可邀请相关专家一同参加验收:建设单位的项目负责人或建设单位委托人员;施工单位的项目技术负责人或施工单位委托人员;监理单位的项目总监或监理单位委托人员;检测单位的项目技术负责人或检测单位委托人员;设计单位的项目技术负责人或设计单位委托人员;施工监控单位的项目技术负责人或施工监控单位委托人员,有施工监控的项目。

(3)钢桥首制件验收时,应具备下列文件:钢材、焊接材料和涂装材料的出厂质量证明书及复验资料;主要制造工艺文件;焊接工艺评定报告及其他主要工艺试验资料;工厂高强螺栓摩擦面抗滑移系数试验报告;焊缝外观检验和无损检验报告;焊缝重大修补记录;产品试板试验报告;预拼装或试拼装检验报告。

(4)构件尺寸检验方法:用直角尺、钢板尺、钢平尺、塞尺、平台、拉线、钢卷尺、经纬仪、水准仪检查。构件内外表面采用观察检查方法检验,不应有凹痕、划痕、焊瘤、擦伤等缺陷,边缘无毛刺。

(5)钢桥计量时,钢板宜按矩形计算,焊缝质量应按焊接构件质量的1.5%计算。产品试板、抗滑移系数试件、吊耳、加固结构及临时连接件采用的钢材,应按实际质量计入产品质量。

3.3 公路大跨径桥梁绿色养护运营

3.3.1 总体要求

养护工作按照“预防为主,防治结合”的原则,以桥面养护为中心,以承重部件为重点,加强全面养护。

3.3.1.1 推进建养一体化

(1)将桥梁运营和维护一并纳入桥梁工程建设中进行考虑,突出全寿命周期管理,强调系统性,强化桥梁结构设计与养护工程的统一。

(2)鼓励代建制、设计施工总承包等管理模式的创新与应用,营造良好的绿色桥梁市场发展环境。

(3)运营管理部门宜通过 ISO 14001 环境管理体系认证。

3.3.1.2 探索市场服务机制

(1)充分发挥相关专业机构的优势,推广桥梁环保设施建设等第三方运维管理,推行养护及环境管理的市场服务机制。

(2)积极推广合同能源管理,稳步推进桥梁建设与运营能耗在线监测管理。

3.3.1.3 加强日常巡检和预防性养护

(1)对设有桥面径流收集系统和事故水收集池的环境风险防范重点路段,加强巡检,及时疏通排放设施和修复破损管路,定期清淤事故池以保障其有效容积。

(2)鼓励管养单位编制预防性养护计划纲要;针对不同检测评定情况、养护需求与目标,制定预防性养护措施决策方案,采用不同预防性养护技术。

3.3.1.4 提升养护管理的信息化和精细化水平

(1)建立各养护环节的数据信息化制度,实现大跨径桥梁管理系统的信息化建设和各养护环节的信息化管理。

(2)积极探索、研发、应用大跨径桥梁养护新技术、新材料、新设备、新工艺的"四新"养护技术。

(3)开展大跨径桥梁长期跟踪观测评估工作,形成"试应用—跟踪—评估—改进—再应用"的良性循环。

3.3.2 强化绿色养护

绿色养护指在公路养护生产过程中,坚持全寿命周期成本最省理念,运用绿色养护施工技术和工艺,科学配置设备机械,实现公路养护生产过程绿色、低碳、循环和高效。

3.3.2.1 科学检查与评定

养护科学决策包括路况数据采集、技术状况评定、养护决策分析、项目后评估等流程。桥梁的养护科学决策主要依托决策管理平台系统实现。该平台系统由多个组合式、模块化的养护管理分析软件组成，主要包括以下几方面。

1）数据采集

数据采集包括桥梁基础数据采集和通行路况数据采集。

（1）桥梁基础数据是指为了满足桥梁状况评定和养护决策分析所需要的桥梁属性信息，包括桥梁结构、交通量、养护历史等信息，应通过采集形成数据库。

（2）通行路况数据是指桥面破损、平整度、车辙等数据，宜采用多功能路况快速检测系统统一采集。

（3）将互联网技术融入桥梁巡检流程中，借助科学的数据库设计方式，收集、处理、分析庞大而复杂的桥梁信息，从中获取有效数据并发现问题，提升科学管养决策能力，加快桥梁养护领域的创新步伐。

2）桥梁科学检查

（1）大跨径桥梁均宜安装健康监测系统，以实现对桥梁的长期监测，桥梁健康监测系统设计宜参照《公路桥梁结构监测技术规范》（JT/T 1037）的规定执行。

（2）桥梁检查内容应符合《公路桥涵养护规范》（JTG 5120）相关规定，巡查频率等要高于规范要求，汛期或恶劣天气频发期应加强检查频率。

（3）大跨径桥梁应设永久性检测点，定期进行控制检测。永久性检测点的编号、位置（距离、高程和地物特征）和竣工测量数据，均应在竣工图上标明，作为验收文件中必要的竣工资料予以归档。

3）桥梁评定

（1）桥梁评定分为一般评定和适应性评定。一般评定由负责定期检查者进行，适应性评定应委托有相应资质及能力的单位进行。

（2）桥梁构件、部件、上部结构、下部结构、桥面系和总体技术状况评定宜参照《公路桥梁技术状况评定标准》（JTG/T H21）的规定执行。

（3）承载能力、通行能力的评定一般采取现行荷载标准及交通量，也可考虑使用期预测交通量。承载能力、通行能力评定方法参见《公路桥梁承载能力检测评定规程》（JTG/T J21）。

4)养护对策

(1)应建立健全大跨径桥梁的检查、评定制度。根据桥梁检查结果,对桥梁技术状况进行分类评定,制定相应的维修养护对策。

(2)桥梁养护工作宜按“预防为主、防治结合”的原则,以桥面养护为中心,以承重部件为重点,兼顾附属设施的养护。

(3)推广应用先进的养护技术和科学的管理方法,优化养护生产手段,提高养护技术水平,大力研发和推广适合大跨径桥梁养护需求的仪器设备和机械器具。

(4)建立具有养护管理系统和健康监测系统的桥梁,宜将传统人工检测、健康监测系统及养护管理系统相互融合,健全桥梁的养护管理制度,实现多方位监控、科学管理和理性决策。

(5)针对冻胀、环境腐蚀、返碱腐蚀、碱集料反应等病害制定专项养护方案。

3.3.2.2　养护生产绿色化

(1)注重“四新”技术应用,对桥梁病害实施专项处治,全面提升桥梁技术状况水平。

(2)钢结构在涂层维护时,尽量采用防护棚形式进行维护作业,减少漆雾对施工人员和周边环境的影响。

(3)混凝土结构病害修复应采用耐久性好的预应力混凝土碳板、免涂装钢板等修复材料,施工时设置长效维养通道,使用智能张拉装备、智能灌浆装备。

(4)支座、伸缩缝、护栏等附属设施更换时,应短时间集中更换,减少维养作业对桥梁通行能力的影响。

(5)在桥梁维修改造中推广使用桥梁顶升技术,在桥梁需顶升部位设置临时顶升支撑,利用千斤顶和同步顶升设备对桥梁结构进行整体抬高、降低以及横向、纵向位移操作。该技术弥补传统技术压力同步性不足,兼具同步顶升与平移技术,使桥梁整体移动受力均匀,大幅提升定位准确性和施工安全性。

(6)加大温拌沥青混合料、再生沥青混合料、冷补料和快速修补材料在桥梁养护中的应用,提升桥梁建设节能、环保水平。

(7)最大限度地提高养护资源的使用效率,综合利用废旧路面、疏浚土工业固废、建筑垃圾等材料。

3.3.2.3　促进养护作业标准化、规范化

(1)全面贯彻落实“精细管理、无痕服务”理念,建立健全各类养护工程管理办法

和规程。

(2)完善桥梁养护标准,构建养护作业标准化框架体系,围绕养护决策、养护施工和日常运营,建立健全涵盖检测评定、专项养护工程、施工作业、信息化建设、质量验收、后评价等的养护技术指南和规程。

(3)实现小修保养规范化、常态化,及时修复桥梁设施病害,确保桥梁设施处于良好技术状态。

(4)树立全寿命周期养护成本理念,大力推行预防性养护,提升路面耐久性,延长桥梁使用寿命。

(5)完善规范化与标准化的桥梁养护管理体系。进一步完善巡检流程、巡检计划管理、巡检日历等;构建便捷高效的巡检计划管理方式,可包括全方位、多角度展示的巡检日历以及智能、高效且准确的电子巡检方式。

(6)日常养护应实现机械化。积极推进养护机械化进程,支持装备生产企业研发生产成本低、功能全的养护装备,提高专业养护施工机械装备水平。

3.3.2.4 推进桥梁养护信息化建设

(1)探索信息化技术在桥梁养护管理中的运用,鼓励采用桥梁电子巡检养护技术,鼓励采用北斗技术进行大跨径桥梁模态监控,提高养护管理能力和效率。

(2)加强桥梁运营期间数据收集和整理,积累项目基础数据,利用信息化技术进行数据整合,建立综合运营养护管理平台;运用现代化桥梁检测技术(无人机倾斜摄影等),实现病害原位快速采集、传输和可视化定位;融合桥梁检测及健康监测数据,引入大数据挖掘分析技术,智能辅助养护管理决策。

3.3.2.5 注重养护队伍培养

(1)鼓励养护人员参与各项桥梁检查及维护工程的质量监管工作,提高知识运用和技术实践能力。

(2)加强对养护人员的业务知识培训,鼓励其参与桥梁养护管理国内外学术研讨活动。

(3)提高养护人员分享总结意识,鼓励其将自身养护经验和知识转化为学术论文在各级刊物发表,起到技术推广和经验总结的双重作用。

3.3.3 推广绿色运营

运营管理是大跨径桥梁项目全寿命周期中历时最长、影响最深远的环节。沿海大跨径桥梁水文和气象条件复杂、灾害天气较多，其运营管理面临更多的挑战。在保证桥梁运行安全的前提下，以科学的管理手段统筹协调桥梁运行效率和功能服务之间的关系，以最少的资源占用、能源耗用、污染排放、环境影响获得最高的运行效率和最优质的运输服务，是绿色桥梁运营管理的关键所在。

3.3.3.1 健全运营管理机制

(1)组建集中统一、责权一致的监管机构，对大跨径桥梁运营管理中的各种事件进行协调与管理。

(2)建立健全运营管理规章制度，建立与市场化相适应的管制方式。

(3)根据大跨径桥梁的管理功能、经营成本、社会环境、投资主体等因素选择适用的运营模式。

(4)鼓励开展运营管理技术研究，提高大跨径桥梁运营管理的现代化水平。

(5)科学合理确定不同气候条件和交通流量下的车速控制、运行监督、信息发布、应急状况处理的管理模式和运行机制。

(6)建立部门联动作业机制，突出整体工作效能和应急反应速度，提高整体运行管理水平。

(7)注重桥梁功能性、安全性和服务性的协调统一，构建桥梁安全文化体系。

3.3.3.2 运营期信息化管理

大跨径桥梁结构复杂，监管难度大，在运营管理中必须重视信息化管理。

(1)鼓励建立贯穿整个桥梁运营监管、养护全过程的大跨径桥梁信息化平台，保证桥梁安全有序运营。

(2)鼓励利用BIM技术开展桥梁运营能耗监测，控制能源利用率，达到对桥梁能耗监测及控制的目的。

(3)鼓励利用BIM技术、远程桥梁监测设备，评估桥梁结构的安全状态，精准预测及诊断桥梁故障，保证桥梁健康运营。

(4)利用“互联网+大数据”技术，实时监控桥梁运营状况，充分挖掘交通运行大数据，实现交通运行智能统计分析和通行安全预判预测。

3.3.3.3 多元化出行信息服务

(1)运营管理部门要充分依托市场资源，积极引导各类市场主体参与综合交通信息服务产品及增值服务开发，积极促进大数据、“互联网+”等技术运用，探索建设大数据应用与服务平台,为交通诱导、智能出行等提供信息服务。着力构建行业与市场共建共享、普遍性公益服务与个性化定制服务相结合的出行信息服务体系。

(2)拓展出行综合信息服务手段,采用多种信息服务方式为用户带来更加安全、便捷的出行体验。通过门户网站、微信、微博等新媒体,结合电视、广播、交通服务热线及可变信息标志等传统媒介,建设多渠道、全方位的公路出行信息服务体系。

3.3.4 加强风险管控

加强大跨径桥梁环境污染事件应急管理,避免环境污染事件的发生,减缓环境污染的影响,保障交通运输的通畅和安全。

3.3.4.1 桥梁防火

大跨径桥梁的火灾事故具有偶发性强、位置随机、发生频率高、对桥梁安全与环境安全危害大等特点,需要对设计、评估、监测、消防演练、抢修、管理等环节进行管控,确保火源(包含热源)在最短时间内被消除。

(1)进行桥梁抗火专项设计。对桥梁结构进行火灾数值模拟或实验模拟,确定不同火源对桥梁结构安全性的影响,有针对性地进行防火专项设计,包括设置防火板、布置防火物资、预留防火设施等。

(2)开展桥梁火灾风险评估。结合运营期桥梁的结构特点、地理位置、车流特点、消防点布置等,进行桥梁火灾风险评估,形成典型风险源分析报告,论证桥梁升温曲线对结构安全的影响,给出桥梁受火的敏感点。

(3)布设火灾安全监测点。结合烟雾报警系统、计算机智能视觉系统、温度感应系统等,依据桥梁火灾风险评估成果在桥梁受火敏感点布设监测点。

(4)加强桥梁消防应急演练。与消防部门联合,针对密集车流状况下的桥梁抢险进行应急演练,制订车流分流预案、通道封闭预案等,并对应急演练成果进行总结。

(5)火灾后桥梁抢修预案。对于火灾敏感点可能造成的火灾二次事故、次生灾害、环境破坏等,制订桥梁抢修预案,确保桥梁及时恢复通行。

(6)重视综合管理。管理是消除火灾隐患的重要手段。建设单位应联合设计、维修养护、消防、危化品车辆管理等单位进行综合化、多元化的管理,以预防为主,以降低火灾等级为目标,以联控联防为机制,实现火灾事故的快速响应。

3.3.4.2 预防措施

(1)注重运营期间桥面径流收集处理设施养护。对设有桥面径流收集系统和事故水收集池的环境风险防范重点路段,加强巡检,及时修复破损管路,事故池定期清淤保障有效容积。

(2)加强对危险品运输的管理。建立和健全危险品处置信息的数据库,实现信息共享。加强危险品运输的预警监测,宜结合视频检测技术来实现对交通数据的采集和预警,使管理人员在最短时间内监测到危险品泄漏等事故。

(3)加大对危险品运输车辆的监督检查力度。在条件允许的情况下可设立危险品运输车专用通道,在收费入口对危险品车辆实行登记管理制度。

(4)限制危险品运输车辆通行时间。夜间禁止危险品运输车辆通行,遇有大风、暴雨等极端天气也应禁止危险品运输车辆通行。

(5)大跨径桥梁管理部门应制定应急预案,定期开展应急演练。

3.3.4.3　应急机制

(1)建立健全大跨径桥梁风险应对管理制度,完善监督保障体系,强化风险观念。

(2)建立健全风险应急处理机制和预案,制定风险管理的实施计划,进行桥梁主要构件、材料、关键部位的安全测试。

(3)完善风险管理监督机制,落实风险管理责任。

第4章　瓯江北口大桥绿色建造实践

4.1　瓯江北口大桥项目概况

瓯江北口大桥于2016年5月被列入交通运输部首批绿色公路典型示范工程，是33个绿色公路典型示范工程中唯一一个以桥梁建设为主体的示范工程，同时也是浙江省交通运输厅"品质工程""钢结构桥梁推广应用"重点示范工程和浙江省标杆工程。该工程建设面临强台风、深厚软土和强潮河口等不利自然条件，建设条件复杂、技术难度大、建设标准高、工期紧张。按照资源能源节约集约、生态环境全面保护和全寿命周期效果最优等原则，成功打造瓯江北口大桥绿色公路典型示范工程，对于公路桥梁绿色建设品质的全面提升具有重要的推动作用。

4.1.1　工程概况

瓯江北口大桥位于温州市瓯江出海口，是《国家公路网规划(2013年—2030年)》甬莞高速公路(G15W3线)和国道G228线(辽宁丹东—广西东兴)在浙江省内的重要组成部分，位于甬莞高速公路(G15W3线)乐清—瑞安段的中间段。

瓯江北口大桥工程采用甬莞高速公路(G15W3线)和国道G228线温州南金公路段共线过江的双层桥梁方案。上层为甬莞高速公路(G15W3线)，路线起自温州市黄华镇北侧，起点桩号GK271+785.136，接在建的甬莞高速公路(G15W3线)南塘—黄华段；止于灵昆岛，接在建的甬莞高速公路(G15W3线)灵昆—阁巷段，终点桩号GK279+698，全长7913m。下层为国道G228线，路线北接国道G228线乐清段，南接国道G228线灵昆段，全长3905m。大桥于2016年1月4日动工兴建，于2021年12月30日完成主桥合龙(图4-1)，2022年5月27日通车运营(图4-2)。

瓯江北口大桥结构新颖独特、规模宏大，是浙江省继舟山连岛工程、杭州湾跨海大桥之后又一座国家级的重大桥梁工程。

图4-1　瓯江北口大桥主桥合龙仪式现场

图4-2　瓯江北口大桥通车仪式现场

4.1.2　环境特点

4.1.2.1　环境条件复杂，抗灾防灾要求高

项目所在区域全年雨水充沛，多锋面雨、台风雨，存在台风、强降水等不利气象条件，每年4—6月为主要汛期，其次为7—9月；夏季盛行偏东风，冬季盛行西北风，每年7—9月为台风活动期，其间项目所在地易受到风暴潮侵袭。项目位于感潮河段，经模型分析，桥址处300年一遇高潮位为+5.52m，落潮最大垂线平均流速为1.85~2.83m/s。

4.1.2.2　地质条件特殊，施工技术要求高

瓯江北口大桥中塔、南塔均位于瓯江北口水域上，上部地层工程性质差。北岸锚碇区丘陵风化深度较大，岩体整体较破碎，稳定性较差；南锚碇区软土层深厚，承载力低，易变形失稳。这些地质条件对工程施工技术提出了更高要求。

4.1.2.3　区域环境敏感，绿色低碳要求高

工程所在的瓯江口海域，属于生态环境敏感区，生态和生物资源环境的评级为1级，环境风险的评级为2级。工程周边海域渔业资源种类较丰富，是带鱼、大黄鱼、马

鮻鱼等的产卵场，外侧海域有竹荚鱼、蓝圆鲹等鱼类的洄游通道。工程施工中必须做好各类环保措施，最大限度减小施工对环境的影响，特别是沉井吸泥下沉、桥梁桩基打桩等作业产生的噪声、泥浆会对鱼类生物生存环境产生影响，必须满足环保要求。施工中做好大堤防护，妥善处理施工垃圾、生活垃圾等，避免对地下水、地表水及周边环境造成影响。

4.1.3 工程特点

4.1.3.1 工程示范作用显著，绿色引领要求高

瓯江北口大桥作为交通运输部首批绿色公路建设典型示范工程和浙江省交通运输厅“品质工程”“钢结构桥梁推广应用”重点示范工程，对工程质量、安全、环保等标准和要求极高，建设过程应充分体现创新、协调、绿色、开放、共享的新发展理念。

4.1.3.2 建设规模大、施工难，科技创新要求高

瓯江北口大桥主桥为三塔四跨双层钢桁梁悬索桥（桥跨组合为215m + 2 × 800m + 275m），中塔采用大型沉井基础、“A”形混凝土塔柱。上层为高速公路，下层为国道，均按双向六车道布置。因施工条件复杂、地质条件差，沉井精确定位、下沉精度控制、大体积混凝土封底、承台混凝土等施工难度大，对科技创新技术支撑要求高。

4.1.3.3 长期小范围集中施工，协调管理要求高

瓯江北口大桥工程路线较短，全长7913m，其中跨江主桥长2090m。工程建设需要在狭窄廊道内长期施工，施工组织、人员组织协调难度大，对项目管理技术和水平提出了更高的要求。

4.1.3.4 双层共线钢结构桥梁，工业化建造要求高

工程主体为桥梁，按照钢结构桥梁要求建设，对工业化建造要求高；主要构件制造在工厂完成，现场装配化施工，进行集约化管理，提高了建造质量和效率。

4.2 紧扣特点，资源集约

4.2.1 双线共线，廊道集约

《浙江省公路水路民用机场交通运输发展“十二五”规划》中甬莞高速（G15W3

线)温州段和国道 G228 线温州段 2 条交通线路均需跨越瓯江北出海口,对紧张的过江通道和岸线资源形成挑战。如两线分离,必将占用更多的岸线资源、土地资源、海域资源等,同时工程总体造价也将大幅增长。统筹廊道资源、土地资源、航空安全及环境敏感目标等多方面因素,提出了高速公路和国道共线设计方案,实现廊道资源集约利用。

4.2.1.1　共线方案比选

瓯江北口大桥位于温州市瓯江出海口,是甬莞高速公路(G15W3 线)温州段和国道 G228 线温州市南金公路上的控制性工程。同时,市域铁路 S2 线规划也位于同一桥位,项目需要对甬莞高速(G15W3 线)、南金公路、市域铁路 S2 线进行共线设计研究。

从技术上看,各项目空间布置形式多样,主桥横断面复杂,需要考虑引桥、接线、南北两岸枢纽与互通工程,牵涉面广,制约因素多,需要衔接的其他项目多,是个复杂的系统工程。因此,对通道内的宁莞高速(G15W3 线)、南金公路和市域铁路 S2 线跨越瓯江北口进行了统筹分析,拟定了桥梁方式越江的三桥合建方案(简称三桥合建),以及甬莞高速(G15W3 线)和南金公路采用桥梁方式越江、市域铁路 S2 线采用隧道方式越江的“两桥合建 + 隧道”方案(简称两桥一隧)两种方案。从技术可靠性、工程实施外部条件、安全风险、运营条件、运营成本、管理等方面对两种方案进行了深度比选,见表 4-1。经综合比较,两桥一隧方案在技术难度、维修养护、风险控制、建设管理经验等方面相比三桥合建方案均有优势,因此推荐两桥一隧方案。

桥隧方案综合比选　　表 4-1

比较项目		两桥一隧方案	三桥合建方案
建设时序		S2 线可视情况开工建设	三通道须同步建设
S2 线扩能性		轨道对荷载不敏感,S2 线活载可调	桥梁对荷载较敏感,S2 线活载不可调
技术可行性	国内外工程实例	三塔悬索桥、铁路隧道都有先例,如:南京长江隧道、崇明越江隧道等、海河隧道、狮子洋隧道	公铁合建桥梁及三塔悬索桥都有先例,但公铁合建三塔悬索桥为首创
	技术难度	技术可行,难度稍小,有国内的三座已建(在建)的三塔悬索桥及国内已有过江隧道成熟经验可以借鉴	技术可行,难度稍大
安全可靠性	施工风险	风险可控,风险分散	风险可控,风险较集中
	运营风险	公铁运营相互不影响,风险稍低	公铁运营有一定的相互影响,风险稍高
经济合理性	总造价	119.25 亿元(比三桥合建高 0.26%)	118.94 亿元
	养护费用	1515 万元/年	1540 万元/年

续上表

比较项目		两桥一隧方案	三桥合建方案
行车舒适性		公、铁互不干扰,公路行车舒适度较好	铁路运行时带来的桥梁振动对公路行车有一定影响
工程实施外部条件(对港口、码头规划的影响)		相同,在预留规划码头缺口内通过	相同,在预留规划码头缺口内通过
管理	建设管理	公路、轨道交通各自独立进行行业管理,较容易	涉及公路、轨道交通两个行业管理,较复杂
	运营管理	公铁运营互不干扰,管理相对容易	公铁运营相互干扰,管理相对复杂
	维修养护	分工明确	关系复杂

根据方案比选,项目采用两桥一隧方案,即瓯江北口大桥采用两桥合建方案(图4-3)。高速公路与国道在瓯江北岸0.8km处开始引桥上下共线,经2.09km的主桥,在距主桥南岸1.5km的引桥位置共线分离,共线长度约为4.39km,占项目全长的55.6%。

图4-3 两桥合建示意

4.2.1.2 两桥合建比选

在两桥合建方案中,对高速公路设在上层或下层的方案进行了同深度比选,见表4-2。经综合比较,上层高速公路、下层国道(南金公路)的两桥合建方案在节约造价上有一定的优势,也有利于黄华枢纽交通标志的设置,因此推荐了此方案,如图4-4所示。

两桥合建方案综合比较 表4-2

比较项目	高速公路设在下层	高速公路设在上层
技术难度和施工风险	相同	相同
总投资	100.02亿元(比高速公路设在上层高1.45亿元)	98.57亿元
对黄华枢纽的影响	影响局部,黄华枢纽高程不受主桥高程控制,仅受匝道交叉关系控制	
对南金公路引桥的影响	南金公路引桥长度增加390m	南金公路可以提前落地,降低造价
对岸线、土地资源的影响	相近	相近
结论	比较方案	推荐方案

图4-4 瓯江北口大桥上下结构剖面图

甬莞高速(G15W3线)和南金公路合建瓯江北口大桥,桥梁基础尺寸大大减小,从而大幅度减少混凝土、钢筋、模板、人工等资源的使用,可以降低造价;也可以避免两座桥先后修建带来的基础之间的相互影响,降低了技术难度和施工风险;同时还可以节约沿线占地面积约7.67hm²,极大节约城市交通用地。

4.2.1.3 科学选择桥位方案

根据路线走廊带的位置,瓯江北口大桥需要在瓯江口门附近通过。根据工程可行性报告,瓯江北口大桥工程设计了两个桥位方案。经过比选,推荐方案可节省永久占地0.56hm²,避开了黄华中学这一环境敏感点,减少了大桥建设的不良环境影响;避开了航空雷达区等敏感区;协调了与电厂卸灰码头和温州集团有限公司码头规划建设的关系,减少工程施工影响,合理规划节约资源;与台风频发区域以及海洋侵蚀性环境区保持一定距离,减少自然力破坏对大桥的影响,降低了生态风险;妥善处理了桥梁的整体线位和龙湾国际机场的起飞航线的相对位置关系,调整桥墩的高度避免对飞机起降的影响。综上,项目最终选定的桥位方案统筹了多方要素,达到了环境生态友好的目标。

4.2.2 精细设计,土地集约

瓯江北口大桥全线除245m路基外,其余全部采用桥梁结构,且在跨瓯江路段采用多项目合并建设。为贯彻落实绿色公路建设资源节约理念,针对瓯江北口大桥所处环境特点和项目全寿命周期,开展土地资源集约设计。

4.2.2.1 减少永久占地

优化引桥墩柱设计减少永久占地。瓯江北口大桥南北连接线以引桥取代路基,引桥下为桥墩支撑,每隔一定距离布设花瓶墩或门式墩。以引桥形式取代路基,可节省占地面积17hm²。

4.2.2.2 集中布设,永临结合

瓯江北口大桥根据工程实际情况,调整临时施工场地位置,集中布设拌和站、加工厂等临时设施,节约临时设施用地。

(1)南岸生产区场地利用瓯江堤外滩涂造地设置临时施工场地,集中布设拌和站、钢筋存放及加工区、钢结构加工厂、临时材料堆放场、钢壳沉井板单元存放区、陆上沉井施工(泥浆、沉淀、蓄水)池、设备维修停放区等临时设施,可避免各施工场地分散布设占用其他地方的土地、良田,实现集约节约。

(2)北岸生产区场地利用远洋船业有限公司船厂、浙江顺航船舶制造有限公司船厂、浙江江海船舶制造有限公司船厂、浙江新海船舶制造有限公司4家船厂的船台,可大量降低临时用地面积(至少13.33hm^2),节约土地资源。场内集中布设拌和站、钢筋存放及加工区、钢梁拼装厂区、钢梁存放区、临时材料堆放场、设备维修停放区、钢沉井拼装区及库房等。

(3)施工便道利用现有的县乡公路、村道、机耕路,减少新建施工便道,仅龙舌山的施工便道即可节约521m左右。

(4)施工码头和施工平台布置在水面上,基础采用钢管桩,上部均为钢架结构,不涉及土石方开挖,可减少施工生活区及施工便道临时占地约6650m^2(0.665hm^2)。

最终,利用瓯江堤外滩涂造地设置临时施工场地,节约占地约18.07hm^2;北岸生产区场地利用船台,节约临时用地面积至少13.33hm^2;施工便道可利用现有道路,减少新建规模;施工码头和施工平台布置在水面上,减少施工生活区及施工便道临时占地约0.665hm^2;施工结束后,在施工生产生活区拆除临时建筑物,清除场地中的建筑垃圾,节约土地面积19.44hm^2;对原耕地进行复耕,恢复土地约9.99hm^2。

4.2.2.3 “临时预制场”变为“永久工厂”

瓯江北口大桥在临时场地“三集中”(集中拌和、集中预制、集中加工)的基础上,进一步提升将“临时预制场”变为“永久工厂”的建设理念,组建混凝土预制构件工厂(图4-5),实现由桥梁结构向桥梁产品的转型。

由温州市交通发展集团有限公司、中交第二航务工程局有限公司、温州公用集团市政工程建设开发有限公司、温州设计集团有限公司、温州市洞头城建国有资产投资经营有限公司5家企业共同出资在洞头区成立浙江瓯越交建科技股份有限公司,负责运营混凝土预制构件工厂。该工厂在工程建设期负责项目南引桥节段预制梁、钢混组合梁预制桥面板及其他标准混凝土预制构件;项目建设完成后,继续服务整个浙

南地区混凝土预制构件市场。这种建设理念大幅减少施工临时用地面积,积极推进产业转型升级。

图4-5 永久性混凝土预制构件工厂效果图

4.2.2.4 减少弃土场占地

瓯江北口大桥工程方案弃方总量为71.5万m^3,除用于路基填筑、锚碇基坑回填、滩涂工程、绿化土回填外,剩余部分供邻近工程——绕北二期及南金公路工程建设使用。

4.2.3 多方统筹,资源集约

区域资源统筹是资源集约利用的有效途径,把项目内的资源与周边社会资源进行“相互交流”,实现资源流通,达到资源合理利用的目的,符合绿色公路“统筹资源利用”的建设要求。

4.2.3.1 施工人员机械统筹安排

瓯江北口大桥施工区域恶劣天气较多,包括台风、冰雹、强对流天气等。施工单位在充分掌握天气规律的基础上,合理安排施工人员和机械,在不能施工的工期内将本工程的人员和机械调往其他工程,待本项目天气好时统筹其他项目的人员和机械调到本项目,实现区域资源统筹利用并保证本项目工期,避免单一项目的人员和机械闲置造成成本浪费。

4.2.3.2 弃方统筹利用

瓯江北口大桥中塔、南锚碇施工使用沉井吸泥下沉技术，引桥桥梁桩基、南北塔施工使用钻孔灌注桩技术，经泥浆循环利用后仍会产生大量弃渣和泥浆。北锚碇及南金公路穿越龙舌山段路基开挖同样会产生大量挖方，工程弃方合计约 71.5 万 m^3。除了北锚碇回填可消化弃方 7.4 万 m^3 外，剩余 64.1 万 m^3 通过滩涂工程、绿化土回填、路基填筑、其他工程使用等方式实现弃方利用。

1）围海造滩涂

利用项目弃渣进行围海造滩涂。经研究，瓯江北口大桥周围可用于围海造滩涂的地点有：温州浅滩一期工程（2033.33 万 m^2）、龙湾海滨围垦（653.33 万 m^2）、天成围涂（626.67 万 m^2）、瑞安丁山二期围涂（713.33 万 m^2）、瑞安阁巷一期围涂（面积 353.33 万 m^2）。施工过程中将项目弃渣就近运至以上点位处理。

2）绿化土回填

（1）用于北锚碇回填区和路基段边坡防护绿化。本项目为山岭重丘区，北锚碇回填区和路基高度较高，边坡防护以植草、植灌木或草灌结合为主。剥离的清表土用于边坡防护，有利于植被的生长，既起到护坡防冲的作用，又具有美化和保护环境的效果。根据边坡防护形式，表土覆盖厚度分别为流水带拱形防护 10cm、六棱块防护 13cm、植物防护 20cm。

（2）用于公路中央分隔带、土路肩绿化。主线中央分隔带宽 2m，回填清表土 50cm 植草绿化；土路肩宽 0.75m，回填清表土 20cm 植草绿化。通过对泥浆、弃渣和剥离表土的再利用，有效处理弃方，既减少了设置弃土场的占地和对当地生态环境的不良影响，又提升了废旧资源的价值。

4.2.3.3 优化方案减少占地

瓯江北口大桥北锚碇原设计方案将产生大量土石挖方，并涉及挖除多处公墓，生态和社会影响较大。通过优化北锚碇方案设计（图 4-6），将锚碇前移 40m，锚碇开挖量由 28 万 m^3 减少到 17 万 m^3，减少 11 万 m^3 的土方开挖。优化的设计方案减少对周边生态环境的影响，同时减少公墓占用，对公众有益。北锚碇回填共需要土方 24.4 万 m^3，除原有 17 万 m^3 用于回填外，尚可消化北岸其他施工场地产生的废方 7.4 万 m^3，做到了土地资源集约利用。

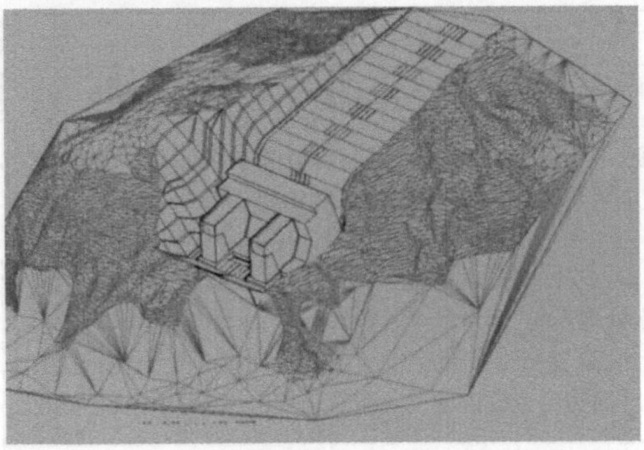

a)不前移40m北锚三维图

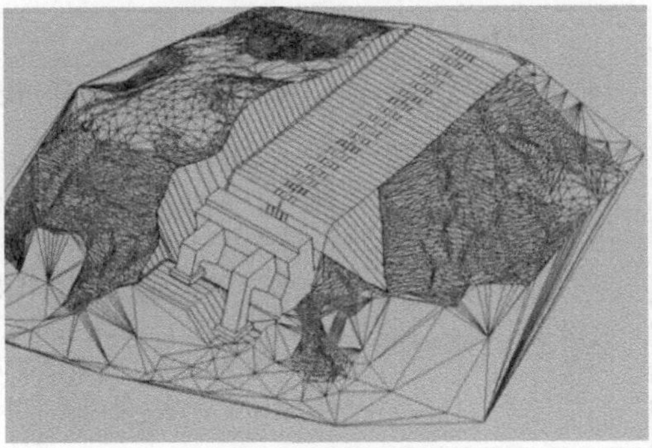

b)前移40m北锚三维图

图4-6 北锚碇设计方案优化效果图

4.3 生态引领，降低影响

4.3.1 强化排污控制，保护水域环境

瓯江北口大桥位于瓯江在东海的入海口，是重要的渔业海湾。施工期的水污染将造成瓯江和东海大面积的水域污染，影响整个生态环境和周围居民的日常生活，并危及渔业发展。因此，瓯江北口大桥遵循交通运输部《关于实施绿色公路建设的指导意见》，严格贯彻环境保护、水土保持的要求，加强桥梁施工期和运营期水环境保护，减少对瓯江水域环境的污染。

瓯江北口大桥水环境影响主要发生在施工期，尤其是桥梁基础及下部结构施工过程中。做好施工管理和桥面径流工作，是保护水域环境的重要任务。

4.3.1.1 施工期水污染物收集处理

瓯江北口大桥施工期水污染收集处置方案围绕下部结构选择、桩基施工工艺优化、施工管理、污水循环利用、污水处理等5部分开展，保证桥梁施工期内不将生产废水、生活污水直排入海，不影响周边渔业正常发展，尽量将污水废水做循环处理，实现绿色施工的目标。施工期水污染物收集处置方案详见表4-3。

施工期水污染物收集处置方案　　表4-3

项目名称	具体内容
下部结构选择	中塔与南锚碇使用沉井基础施工，相比于钻孔灌注桩，沉井通过吸泥和钻渣统一外运处理，可有效避免泥浆渗流污染海面

续上表

项目名称	具体内容
桩基施工工艺优化	钻孔灌注桩施工过程中使用钢护筒及泥浆池、沉淀池，循环使用泥浆，减少污染
施工管理	制定相应的环境保护奖惩制度，增强员工的积极性，及时维修施工机械，减少“跑、冒、漏、滴”问题，减少废水、废油、废沥青和其他固体废物，做好收集处置
污水收集与循环利用	材料堆场、弃土场等做好集水沟、沉砂池等，收集施工产生的废浆、废水、弃渣；在拌和站、钢筋加工厂、梁场等设置污水处理系统、洒水降尘系统、循环用水洗车(图4-7)等，实现水源循环；施工营地设置化粪池，通过小型管网将生活污水全部排入化粪池，可协调附近污水处理厂采用罐车外运，沉淀物由市政清理车定期清理或由当地农民拉走肥田
污水处理	不能循环的污水交环卫单位集中处理

图4-7　施工场地洗车水循环系统

工程建成后，瓯江海域保持二类水质，沿边原施工营地水质良好，可以满足渔业养殖、航运和自然景观等需求。

4.3.1.2　泥浆收集处理

1)北引桥桩基

北引桥共设桩基1059根，总长72288.2m，共计约使用15万m^3混凝土，大部分采用冲击钻施工。产生等量泥浆中约7.5万m^3经过沉淀后成为钻渣，晾晒后直接存在弃土场；剩余7.5万m^3与水混合在一起成为新的泥浆(泥浆与水的比例约为1:3)，总共约产生泥浆22.5万m^3。北引桥钻孔桩施工期间，每两个墩位设置一个泥浆池。泥浆定期清理装车，转运至黄华七里港码头的消纳点临时存放；施工过程中定期将消纳点临时存放的泥浆通过船运至洞头大门岛固定泥浆处理点(图4-8)。南引桥桩基施工与北引桥桩基施工泥浆处理方式一致。

图 4-8　施工过程中的泥浆运输

2) 北塔主墩

北塔主墩采用冲击钻施工,现场设置了一个容积 1500m^3 左右泥浆池,可以满足至少两个孔的全部泥浆储存,施工过程中产生废浆与北引桥处理方式一致。

3) 南锚碇

南锚碇下沉取土期间,由于水泵冲吸取土和空气吸泥取土产生的泥浆方量很大,现场设置了一个 330m × 100m × 5m 规格的泥浆池,可以储存约 16.5 万 m^3 泥浆。沉井下沉期间产生的泥浆储存于泥浆池内,经过自然沉淀和水分蒸发后从沉井内取出的土体,作为该泥浆池的填筑材料。该泥浆池区域原地面为河塘和滩涂,回填以后可作为桥头公园、绿化等用地。

4) 南塔主墩

南塔桩基钻孔采用气举反循环成孔工艺,钻孔过程中利用护筒作为泥浆循环池。每根桩浇筑时利用周边护筒回收泥浆作为下根桩基钻孔的泥浆,多余的泥浆或废浆由在栈桥两侧布置的泥浆管泵送至南锚碇泥浆池统一存放。单根桩基所需泥浆约 1000m^3,6 台钻机产生的废浆约 10000m^3。

4.3.1.3　桥面径流设计

瓯江北口大桥主桥长 2090m,桥梁分上下两层,桥面径流考虑雨水初期径流和危化品径流。危化品可能对钢桥造成腐蚀,因此需重点治理。雨水径流方面,对海域的影响主要为雨水冲刷桥面产生的初期桥面径流;其污染物主要为 SS(固体悬浮物)和油类,污染物含量较低。上层路面将受到雨水冲刷,而下层因上部和两侧钢桁架遮挡仅会有少部分雨水径流形成，因此主要考虑上层桥面雨水径流。本项目在考虑桥面涌流、台风/暴雨天气、收集池容积等问题基础上，开展桥面径流专项设计，重点对上、下层桥面径流收集/汇集、排水口、排水管布设与固定、收集池等进行设计。

根据瓯江北口大桥地表径流量的计算数据和路面污染物含量的监测数据，大桥最大雨量的径流量总计约为 0.30m^3/s，降雨历时 40min 后，污染物[主要是表面活性剂、BOD(生化需氧量)、SS 和油类的平均值]的含量基本满足一级排放标准。按实际正常降雨的情况估算，若考虑前 10min 的降雨量，收集雨污水的沉淀池(也可作为事故风险应急池)容积不小于 50m^3。因此，瓯江北口大桥在主桥两端分别设置 1 处收集池，北侧结合锚碇周围的桥下场地设置，南侧需在远离瓯江边的桥下场地建设以避免污染水源。两处收集池负责收集沿主桥路面纵坡下流的径流水。收集池采用钢筋混凝土结构，大小结合场地设计并兼顾存放桥面 20min 降雨径流量。

4.3.2 推进边坡修复，保护生态环境

生态问题贯穿瓯江北口大桥工程全寿命周期。结合瓯江北口大桥工程环境及特点，在北锚碇挖方、回填以及南金公路穿越龙舌山段路基挖方中做好生态保护和水土保持，是有利于推进瓯江北口大桥工程生态建设的重要举措。

4.3.2.1 路基边坡生态修复设计

北引桥合并段下层(南金公路)在瓯江北岸穿越龙舌山段以路堑形式通过。南金公路采用双向六车道整体式路基，行车道、路缘带及硬路肩路拱坡度为 2%，土路肩坡度为 4%。龙舌山路基开挖后左右各形成 1 个高陡边坡，左侧边坡桩号为 K274 + 690 ~ 930、长 240m，右侧边坡桩号为 K274 + 740 ~ 960、长 220m，两处边坡均为四级粉质黏土坡，高度约为 25 ~ 30m、坡度约为 40° ~ 45°。

在进行边坡修复时，结合边坡坡度、稳定性、土质情况和工程总量，采用“锚杆框格 + 液压喷播”修复方式。为保证近期效果与远期效果，液压喷播植草使用灌草种，选择 5 ~ 10 种耐性强的乡土灌草种混合后绿化。

4.3.2.2 北锚碇生态修复设计

1)绿化覆土回填设计

北锚碇体积较大，开挖后对周围环境影响较大，需要进行合理的绿化覆土回填，减少对生态的影响，可选用 24.4 万 m^3 的土方进行回填。在景观效果上，既露出锚体

体块,凸显整个桥体的景观效果;又与周边的环境景观协调,减少回填土方。不回填与回填后的北锚碇效果图如图4-9所示。

a)不回填的北锚碇效果图　　b)回填后的北锚碇效果图

图4-9　不回填与回填后的北锚碇效果图

锚碇回填时结合周围地势做微地形处理,使其与周边地形、山体相协调,达到整体美观的效果。边坡上部回填成15°左右的缓坡并做微地形处理,边缘做45°左右的较陡边坡。回填时分层覆土处理,覆土层分为两层:1.5m以下的深层土回填,选用较差的土质进行覆土,如北岸其他施工场地产生的废方以及挖方中较差的土质;0～1.5m的表土层选用锚碇挖方前收集的表层土,在覆土之后进行绿化修复,使得锚碇外露体积削减和隐藏,恢复周边环境及生态系统。

2)绿化优化处理

对于北锚碇基坑回填部位的边坡,采用框格植草结合厚层基材绿化防护的修复方式。选择乡土乔灌草植物进行自然栽植,采用色叶植物、开花植物结合配置,达到"三季有绿,四季有花"的景观效果。种植时,在上层缓坡上采用乔、灌、草相结合的种植方式,下层较陡边坡先种植灌木、再进行撒播植草,最后在边坡挡土墙外种植以常绿乔木为主的乡土乔木以及一些攀缘植物。这种绿化优化处理方式可以实现对边坡水土流失的治理,遮挡锚碇外露的硬质景观的面积,减少硬质防护的视觉冲击,使景观与周围环境相融合,改善周边生态环境。

4.3.3　严格施工管控,保护空气环境

瓯江北口大桥施工期的环境空气污染主要来自施工现场中未完工路面、堆场和进出工地道路等地的粉尘污染,以及沥青搅拌和摊铺时的烟气和动力机械排出的尾气污染,其中以粉尘和沥青烟气对周围环境的影响较突出。瓯江北口大桥坚持绿色公路的发展理念,围绕汽车机械维护、运输扬尘、拌和站选址等方面加强项目区空气

环境保护,避免引起较严重的空气污染,减少对社会生活的干扰。

4.3.3.1 控制汽车及施工机械污染排放

(1)采用先进的沥青混凝土拌和装置,配备除尘设备、沥青烟气净化和排放设施。沥青烟气排放达到《大气污染物综合排放标准》(GB 16297)中的允许排放限值。

(2)加强对施工机械的科学管理,合理安排运行时间,发挥其最大效能。

4.3.3.2 控制运输扬尘

(1)科学选择运输路线,尽量远离村镇和生态敏感区。

(2)出入料场的道路、施工便道及未铺装的道路定时洒水,以减少粉尘污染。路基施工时应及时分层压实,并注意洒水降尘。

(3)粉状材料(如水泥、石灰等)采用袋装或罐装,粉煤灰采用湿装湿运。土、水泥、石灰等材料运输禁止超载,装料高度不超过车厢板并盖篷布。

4.3.3.3 优化拌和设备选址

(1)北岸沥青拌和站的沥青搅拌设备设置在远离村镇、环境敏感点的区域,集料堆场随时洒水降尘。

(2)对拌和站操作人员进行卫生防护,为其配备口罩、风镜等。

4.3.3.4 筑路材料堆放

(1)筑路材料堆放在环境敏感点下风向,距离在100m以上。

(2)堆放时采取防风防雨措施,减少堆存量并及时利用,必要时设围栏并定时洒水防尘。

通过严格的施工扬尘措施,施工期间有效控制了项目的空气污染,维护了良好的区域空气环境。

4.4 优质耐久,彰显效益

4.4.1 周期视角,建养并重

桥梁全寿命周期设计方案的选取,既要考虑设计阶段结构的合理性,施工阶段技术成熟性、可行性,施工周期及建造费用等;也应该分析运营阶段维养可行性,维养费用及服务水平；同时，还应考虑远期规划的拆改情况或丧失使用功能后的拆除回收情况。

瓯江北口大桥严格践行建、管、养并重理念，设计阶段深入贯彻桥梁全寿命周期理念，统筹考虑大桥建成通车后的养护管理需求，通过合理的检修通道布设，做到可达、可检、可修、可换。大桥统筹考虑双层桥面系结构桥梁检修的可达性，桥梁两边设置有维修便道，便于维修人员、车辆及维修器械的通行。同时，设计多个检修点和观测点，使整个桥梁的各个部位，包括桥梁索塔、锚碇、桥面等都可以进行检测和维修。塔柱内部上下横梁、纵梁、人孔相连，主梁上弦配4台检查车、下弦配8台检查车，使大桥的主要构件具备可以随时检修的条件，为后期的维修和养护提供较大便利，保证结构正常使用寿命，有效降低公路运营养护成本。

在设计阶段对提供服务的功能性、人性化方面进行充分考虑，具体内容如下：

(1)在瓯江北口大桥主桥段上下层均设置由消火栓系统、水成膜泡沫灭火装置以及手提式磷酸铵盐干粉灭火器组成的综合消防系统。

(2)每个索塔除设置了1部升降梯外(图4-10)，还设置了2套人行检修楼梯供维修人员使用。维修人员可从桥面进人洞进入塔柱内并到达塔柱、横梁的每一处地方。塔柱内部、上横梁、下横梁均留有人孔连通。塔内检修楼梯由斜梯、直梯、平台、栏杆等组成，楼梯沿塔柱纵桥向呈“之”字形布置。

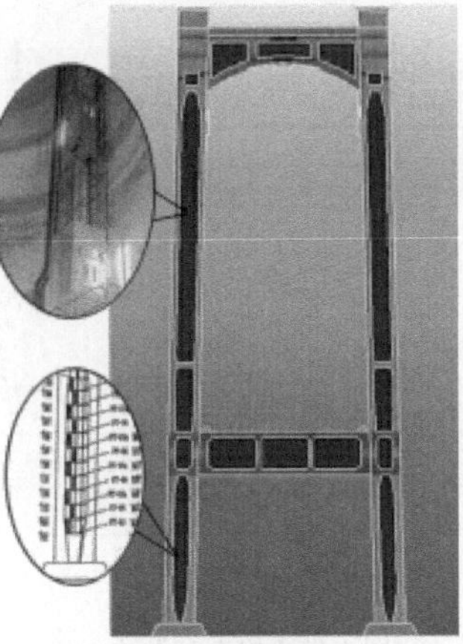

图4-10　索塔升降梯示意

(3)主桥钢桁梁在边防撞护栏外侧的桥面和上弦杆顶面设置上层桥面检修应急道，在下弦杆外侧设置下层桥面检修应急道，如图4-11所示。检修应急道沿主桥连续布置，由检修道横梁、检修道纵梁、检修道横联、检修道面层(钢格栅板)、检修道栏杆等组成。为便于检修人员通行，在钢桁梁斜杆上间隔设置人行爬梯，可由此抵达上弦检查车。爬梯下端设有竖直爬梯，连接至检修道，供检修人员上下通行。

图 4-11　桥面系检修应急通道示意

(4)上弦设置 4 台检查车,中塔南北两侧各 2 台,横向左右各布置 1 台,车体自重约 5t,平台载重 500kg;北侧检查区间长 1013.6m,南侧检查区间长 1073.6m。下弦设置 8 台检查车,每个边跨及主跨各设 2 台,横向左右各布置 1 台,车体自重约 6t,平台载重 500kg。上弦和下弦检查车都具备电动和手动两种驱动方式。检查车设计示意如图 4-12 所示。

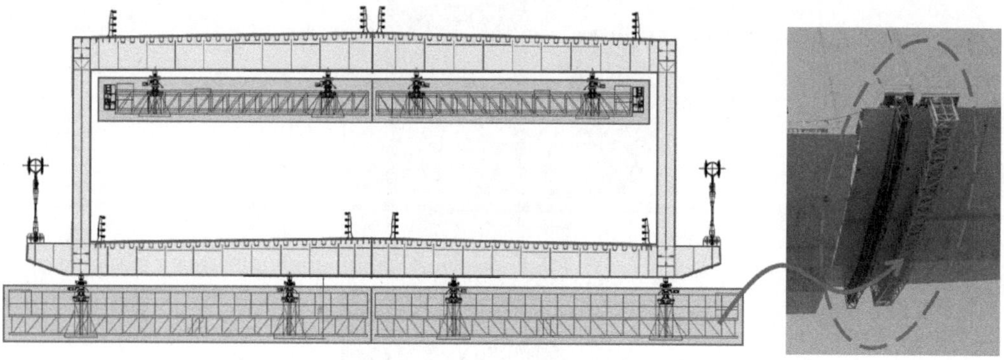

图 4-12　检查车设计示意

4.4.2　科学选型,绿色属性

综合考虑资源、能源和生态环境等各方面的现实状况,做到最优化、最适合、最科学和最环保,实现科学选型。同时,突出桥梁的建设特点,发挥桥梁的创新科技,优化桥梁设计,重视钢结构的应用,发挥其在全寿命周期成本方面的特征优势。

4.4.2.1　多目标协同分析,实现合理选型

瓯江北汊江口北岸岐头山东西长3.3km,山顶高程125m,西侧设有温州机场导航塔,上游黄华岸段规划为修造船基地。根据通航净空尺度报告,瓯江北口主通航孔满足3万t级集装箱船双向通航需要,采用单孔双向通航,净宽不小于474m,净高不小于53.5m;副通航孔满足3000t级杂货船双向通航并兼顾3万t级修造船的单向通航要求,净宽不小于274m,净高不小于53.5m;最高通航水位4.61m。考虑基础宽度和防撞设施,副通航孔跨径应不小于300m,主通航孔跨径应不小于530m。如采用斜拉桥,塔顶高程将超过170m,不能满足机场对桥塔高度不超过154m的要求,最终采用桥塔相对较矮的悬索桥(图4-13)。

图4-13　大桥桥型示意

为了降低造价、避免黄华侧桥塔水中施工,悬索桥方案共设置3个主桥墩,桥墩间距750m,满足瓯江通航要求,减少对水运交通及水域环境的干扰。中塔、南塔桥墩设置防撞设施,北塔采用自身结构加强防撞方案,大大降低了船舶撞击桥墩的概率,保证了桥梁和通航安全,有利于避免事故污染和保护水环境。综合多目标协同分析,瓯江北口大桥实现了科学绿色选型,达到了节约资源、保护环境的目的。

大桥主梁结构经比选采取板桁组合钢桁梁结构,方案对比示意如图4-14所示。该结构增加了桥梁自身的强度和耐久性,提高了抵御台风和各种自然灾害的能力,减小了桥梁的受损概率,有利于减少事故带来的资源消耗和环境污染;相较于板桁分离钢桁梁结构,可节约造价7000余万元,具有显著的经济效益。该结构施工程序相对简单,施工便利性高,同时对机械设备技术要求及场地要求较低。采用该结构提高了施工效率,减少了资源、能源消耗及污染排放。此外,该结构比较稳固,延缓了后期维护时间,大幅减少桥梁后期维护所带来的资源消耗和污染排放。

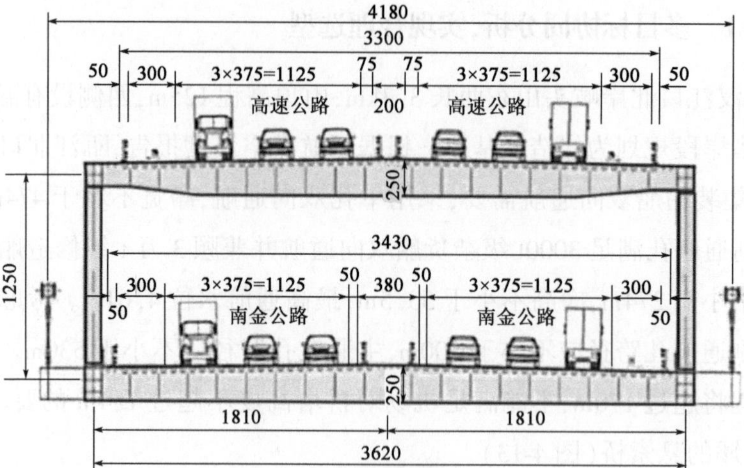

a)板桁组合钢桁梁

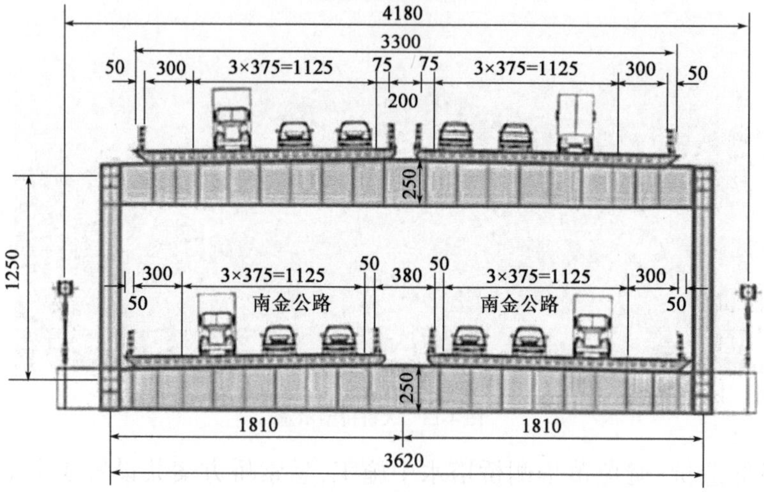

b)板桁分离钢桁梁

图4-14　主梁结构方案对比示意(尺寸单位:cm)

4.4.2.2　重视钢构件设计,减少后续投入

钢结构具有高强度、高韧性、高耐久性等优点,适合应用于大桥建设。

钢结构在结构体系、主缆索系统和主梁加劲梁中的大量应用,增加了桥梁的强度。一方面降低了桥梁自身损害所带来的消耗,节约资源;另一方面,减小了台风、洪水、暴雨等自然灾害对桥梁损害,提高了桥梁抵御自然灾害的能力,减少了后期维修的频率,节约资源。

钢结构在主塔及沉井基础和引桥主要构件中的大量应用,增加了桥梁的耐久性,提高桥梁自身的耐腐蚀和耐侵蚀的特性,延长了桥梁的寿命。从全寿命周期的角度考虑,使用钢结构节约了桥梁全寿命周期成本,节省了后期维护的资源及能源消耗,减少了污染排放,落实了科学、绿色、环保的要求。

1)主缆索系统

全桥共两根主缆,主缆矢跨比为1∶10.5,横向间距35.8m,主缆施工采用预制平行钢丝索股法(PPWS法),每根主缆由127根直径0.8m的平行钢丝索股组成。索股由91根高强镀锌钢丝在工厂预制而成,排列成近似正六边形,两端锚具为锌铜合金灌注的热铸锚。索夹采用上、下两半夹紧的形式:上、下两半索夹用螺杆相连夹紧,接缝处嵌填橡胶防水条防水;索夹螺杆做成缩腰形,以免在螺纹处断裂;索夹采用锻钢件,螺杆采用合金钢。主索鞍由鞍槽、鞍座和底座组成;鞍槽用铸钢铸造,鞍座由钢板焊成,鞍槽和鞍座焊成鞍体;施工中鞍体相对于底座的移动借助设在塔顶的临时千斤顶分几次有控制地推动,到达规定移动量后用夹件锁紧。散索鞍由鞍头、鞍座和底座组成:鞍头用铸钢铸造,鞍座由钢板焊成;散索鞍呈扇形,可绕底座销轴转动,安装架缆时需要临时固定。

2)钢壳沉井基础

瓯江北口大桥中塔基础采用钢沉井基础,钢壳沉井平面为圆角矩形,以Q345等级钢材作为钢壳沉井主体材料,重1.8万t。钢壳沉井制造在江苏南通韩通船厂进行,在船台上进行沉井组拼工作,通过利用成熟的造船产业工厂、滑道下水技术和大型运输船舶设备,系统地解决了超大型钢壳沉井加工制造和下水浮运问题,为后续类似工程的施工积累了宝贵经验。

3)引桥

北引桥K273+532~K274+540段采用50m钢混组合箱梁结构。钢混组合梁是指通过剪切连接件将钢梁和混凝土板连成整体共同工作的承重构件,这种组合方式具有明显的资源环境优势。钢混组合梁中,混凝土板作为梁的翼缘而成为梁的一部分,使梁的承载能力显著提高,增强了桥梁自身抵御自然灾害的能力,整体上提升了桥梁的安全性,也减少了后期运营维护的频次,节约了投入成本,减少了资源消耗和污染排放。钢混组合梁结构具有结构轻、耐久性好、施工方便的特点,缩短了施工时间,提高了施工效率,减少污染排放,节约了成本;同时,降低了桥墩基础长度和减少了材料消耗,为后期的维护提供了便利。此外,钢混组合梁的槽型截面钢箱梁和混凝土桥面板都由预制厂在桥下进行工厂化生产,由拼装机械整体运装,与现场浇筑方式相比大大减小了工程量;同时,避免了因受现场浇筑条件的影响而造成的桥梁质量问题,保证了桥梁安全,减少了污染排放,切实做到保护环境。

项目全线使用钢桁梁 7.6 万 t,高强钢丝 18 万 t,普通钢筋 14.7 万 t,钢沉井 1.8 万 t。钢混组合梁增加了钢梁的整体性能,提高了桥梁强度,确保桥梁安全,缩减了工程量,减少了施工对周围环境的污染,节约了资源,有利于节约资源与减轻环境污染,是钢结构桥梁的推广和应用的重要举措。

4.4.3 构件材料,耐久设计

要使瓯江北口大桥在海洋环境中达到 100 年及以上的使用寿命,是一项难度非常大的工作,用传统的、简单的材料和工艺很难实现。应针对大桥所处环境特点和各个结构部位的功能特征,开展一系列桥梁结构耐久性专项设计,具体包括混凝土构件耐久性设计、钢结构耐久性设计、主缆系统耐久性设计、锚固系统耐久性设计等。

4.4.3.1 混凝土构件耐久性设计

瓯江北口大桥混凝土构件所处的环境不同,受到的腐蚀侵害也不尽相同。因此,必须根据不同构件的结构特点、工况、所处的位置有针对性地采取不同的外加防腐措施。根据对混凝土防腐蚀措施综合分析及比较,结合瓯江北口大桥自身的特点,提出瓯江北口大桥混凝土耐久性方案,以提高构筑物的使用寿命,降低工程维修频率,尽可能地节约资源、能源,将工程建设与持续发展紧密联系在一起,实现工程建设的可持续发展目标。

(1)混凝土采用海工耐久性混凝土,以提高材料本身的耐久性能。

(2)控制混凝土的裂缝宽度:根据混凝土环境作用等级,分层设置混凝土裂缝控制宽度及各部位钢筋保护层厚度;明确钢筋混凝土结构裂缝宽度在浪溅区和水位变动区不大于 0.1mm,水下区和土中区不大于 0.2mm,其余区段不大于 0.15mm。

(3)为钢筋提供足够厚度的保护层:根据瓯江北口腐蚀环境特点将钢筋保护层厚度设为 45~90mm。

(4)施工过程中严格控制混凝土各种原材料氯离子含量:新拌混凝土硬化后,确保实际混凝土中氯离子含量对于钢筋混凝土不超过胶凝材料质量的 0.1%,对预应力混凝土不超过胶凝材料质量的 0.06%。

(5)控制混凝土的入模温度:在炎热气候下不超过 30℃,在寒冷气候下不低于 12℃;对构件最小断面尺寸大于 30cm 的混凝土结构,控制其入模温度在 25℃以下。

(6)保证混凝土的潮湿养护期不小于 7d;对处于浪溅区的新浇混凝土,采取安装防浪板的方法保证 7d 之内或达到设计强度要求前不受海水和浪花侵蚀。

(7)通过涂覆型涂层、应用透水性模板、使用环氧涂层钢筋、硅烷浸渍、添加阻锈剂等防腐蚀附加措施保证混凝土结构的耐久性。

4.4.3.2 钢结构耐久性设计

钢结构的耐久性设计主要考虑对钢结构腐蚀影响的有效控制。腐蚀不仅造成自身的经济损失,还直接影响结构的安全性。因此,做好钢结构的防腐蚀工作具有深远的经济和社会意义。

瓯江北口大桥钢结构依据《公路桥梁钢结构防腐涂装技术条件》(JT/T 722),表面涂装按照长效型防腐涂装设计,主梁采用无机富锌底漆 + 环氧封闭漆 + 环氧云铁漆 + 氟碳树脂漆的耐久性设计。具体涂装部位为主桥和引桥:主桥涂装部位为钢梁外表面、未密封的内表面及桥面板顶底面(除桥面铺装范围)、钢梁桥面铺装范围、高强度螺栓摩擦面、高强度螺栓连接部位外露面;引桥涂装部位为钢主梁内表面、钢主梁外表面、外覆盖混凝土的钢梁翼缘上表面两侧部分、外覆盖混凝土的钢梁翼缘上表面中间部分。瓯江北口大桥钢结构涂装体系见表4-4~表4-7。

主桥钢梁涂装方案 表4-4

部位	涂装用料	道数	干膜厚度
钢梁外表面、未密封的内表面及桥面板顶底面(除桥面铺装范围)	表面喷砂处理	Sa2.5,粗糙度35~75μm	
	无机硅酸锌车间底漆(工厂)	一道	1×(20~25)μm
	二次表面喷砂处理	Sa2.5,粗糙度50~80μm	
	无机富锌底漆	一道	1×75μm
	环氧封闭漆	一道	1×25μm
	环氧云铁中间漆(厚浆型)	两道	2×75μm
	氟碳树脂漆(工厂)	一道	1×40μm
	氟碳面漆(工地)	一道	1×40μm
钢梁桥面铺装范围	表面喷砂处理	Sa2.5,粗糙度35~75μm	
	无机硅酸锌车间底漆(工厂)	一道	1×(20~25)μm
	二次表面喷砂处理	Sa2.5,粗糙度50~80μm	
	无机富锌底漆(工厂)	一道	1×40μm
	无机富锌底漆(工地)	一道	1×40μm
高强度螺栓摩擦面	二次表面喷砂除锈	Sa3.0,粗糙度60~100μm	
	电弧喷铝层		180μm
高强度螺栓连接部位外露面	环氧磷酸锌封闭漆(工地)	一道	1×20μm
	环氧云铁中间漆(厚浆型)(工地)	一道	1×80μm
	氟碳面漆(工地)	两道工地	2×40μm

注:Sa指表面清洁度等级。

引桥钢主梁外表面涂装方案 表 4-5

部位	涂层名称	每道干膜最小厚度(μm)	涂装道数	总干膜最小厚度(μm)
钢梁外表面	无机富锌底漆	75	1	75
	环氧封闭漆	25	1	25
	环氧云铁漆	60	2	120
	氟碳树脂漆	40	2	80
	总干膜厚度(μm)			300

注:钢结构外表面指直接暴露于大气的引桥钢槽形梁结构外表面。

引桥钢主梁内表面涂装方案 表 4-6

部位	涂层名称	每道干膜最小厚度(μm)	涂装道数	总干膜最小厚度(μm)
钢主梁内表面	环氧厚浆漆(底-面合一)	75	2	150
	总干膜厚度(μm)			150

注:1. 钢主梁内表面重新涂装的条件较为苛刻,配套的有效防腐寿命应充分考虑这个因素。
2. 结合梁引桥钢主梁内表面指钢槽形梁内表面和箱内横撑钢管内、外表面。
3. 引桥钢槽形梁内部涂装体系按采用抽湿装置考虑。

外覆混凝土的钢梁翼缘上表面两侧部分涂装方案 表 4-7

序号	设计要求	设计值	参考标准
1	表面净化处理	无油、干燥	GB 11373
2	除锈等级	Sa2.5	GB/T 8923.1 ~ GB/T 8923.4
3	表面粗糙度	Rz40 ~ 80μm	GB 11373
4	无机硅酸锌车间底漆	25μm	—
5	在外包混凝土浇筑前二次表面处理	Sa2.5	GB/T 8923.1 ~ GB/T 8923.4
6	环氧玻璃鳞片漆	500μm	—

注:1. 环氧玻璃鳞片漆涂装部位指外覆盖混凝土的钢梁上翼缘上表面两侧各 50mm 范围。
2. 外覆盖混凝土的钢梁上翼缘上表面包括钢主梁变宽段中间钢纵梁上翼缘上表面。
3. Rz 指平均谷峰高度。

4.4.3.3 主缆系统耐久性设计

主缆是悬索桥的生命线,是悬索桥重要的受力构件。主缆一旦施工完成就无法更换,其设计使用寿命与大桥寿命相同。从国内外悬索桥主缆防腐应用情况看,主缆防腐主要有 3 个发展方向:一是“S”形钢丝缠绕密封;二是向主缆内压注干燥洁净的空气,使主缆内保持干燥;三是采用缠包带对主缆进行缠绕包覆。

根据《悬索桥主缆系统防腐涂装技术条件》(JT/T 694),瓯江北口大桥主缆防腐采用"S"形镀锌钢丝+环氧树脂底漆+环氧树脂中间漆+氟树脂面漆,结合主缆主动防腐除湿系统,内压注干燥空气并实施监测,如图4-15所示。吊索为可更换构件,采用镀锌平行钢丝吊索,钢丝外挤压双层PE(聚乙烯)密封防护进行防腐。

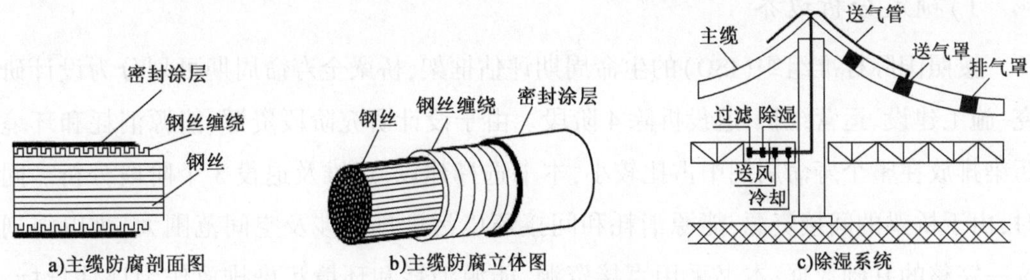

图4-15　主缆防腐与除湿系统示意

4.4.3.4　锚固系统耐久性设计

锚固系统索体采用无黏结环氧钢绞线成品索,通过环氧涂层、PE护套、干燥空气等措施实现多重防腐,如图4-16所示。运营中如有需要可以对环氧钢绞线成品索进行逐根锚索更换。

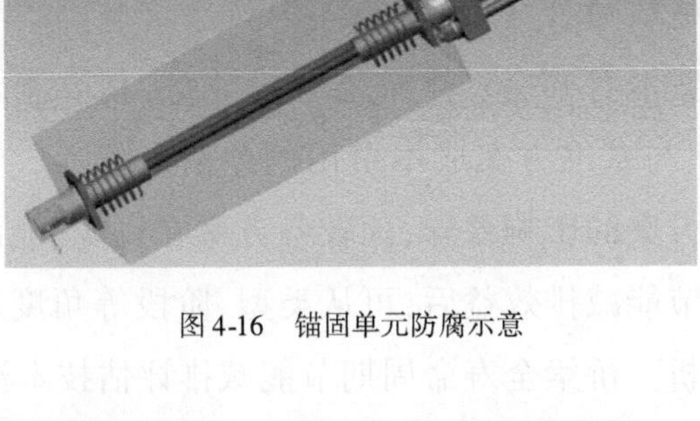

图4-16　锚固单元防腐示意

4.4.4　评估全周期效益,谋求综合效益最优

分析大桥建设对资源、能源的消耗强度与消耗方式,研究对陆域环境、水域环境以及海洋生态功能造成的影响,系统识别大桥建设对资源环境系统的正面与负面影响因子与影响程度。瓯江北口大桥基于全寿命周期成本的理念,采用环境经济学、生态经济学的相关手段与方法,将资源、环境成本纳入大桥设计、建设、运维及退役的全过程,提出桥梁全寿命周期节能减排效益核算与评估的步骤和方法,对8个设计方案

进行了资源、能源消耗和污染排放全寿命周期核算,对大桥建设的全过程进行资源环境效益评估,探讨大桥建设的综合效益。

4.4.4.1 评估技术流程

1)确定分析边界

按照国际标准组织(ISO)的生命周期评估框架,桥梁全寿命周期可划分为设计研究、施工建设、运营维护、退役拆除4阶段。由于设计研究阶段资源、能源消耗和环境污染排放在整个寿命周期中占比较小,本书选择建设、运维及退役3个阶段分析。同时,由于桥梁的间接资源、能源消耗和间接环境污染排放涉及空间范围大,难以得到统一完整的基础数据,本书采用直接资源、能源消耗和环境污染排放作为评估指标,并且只考虑桥梁建设、运维和退役现场发生的消耗和排放。

2)评估指标体系构建与指标核算

结合案例桥梁实际调研和桥梁行业的统计资料,建立包括资源、能源消耗和污染排放指标在内的桥梁全寿命周期节能减排评估指标体系,分单一阶段和包括建设、运维、退役在内的全寿命周期,考虑数量与强度指标两种形式,核算资源、能源消耗和污染排放的直接量、归一化当量并折算为成本费用,作为节能减排效益评估的基础数据。

3)节能减排效益评估

一个桥梁设计方案本身不会产生节能减排效益,其节能减排效益来自不同方案的比较,用备选方案与基准方案成本费用的差值来表示。节能减排效益用来评估同一桥梁不同设计方案的影响差异,比较各方案在资源、能源消耗和污染排放等方面的优劣。计算出节能减排效益后,可从类型、阶段等角度进行节能减排效益的对比评估与贡献源分析。桥梁全寿命周期节能减排评估技术流程如图4-17所示。

4.4.4.2 节能减排指标选择

目前,国内外对于桥梁节能减排核算与评估尚无公认的指标体系。基于案例桥梁建设的调研,考虑数据可得性,结合前人研究,本书选择数量与强度两类指标。数量指标包括对应于桥梁整体或某一功能单位的资源消耗、能源消耗、环境污染排放及成本费用等,详见表4-8。强度指标对应单位桥梁特征值,包括日均车辆通行量、长度、寿命等的资源消耗、能源消耗、环境污染排放及成本费用等,详见表4-9。

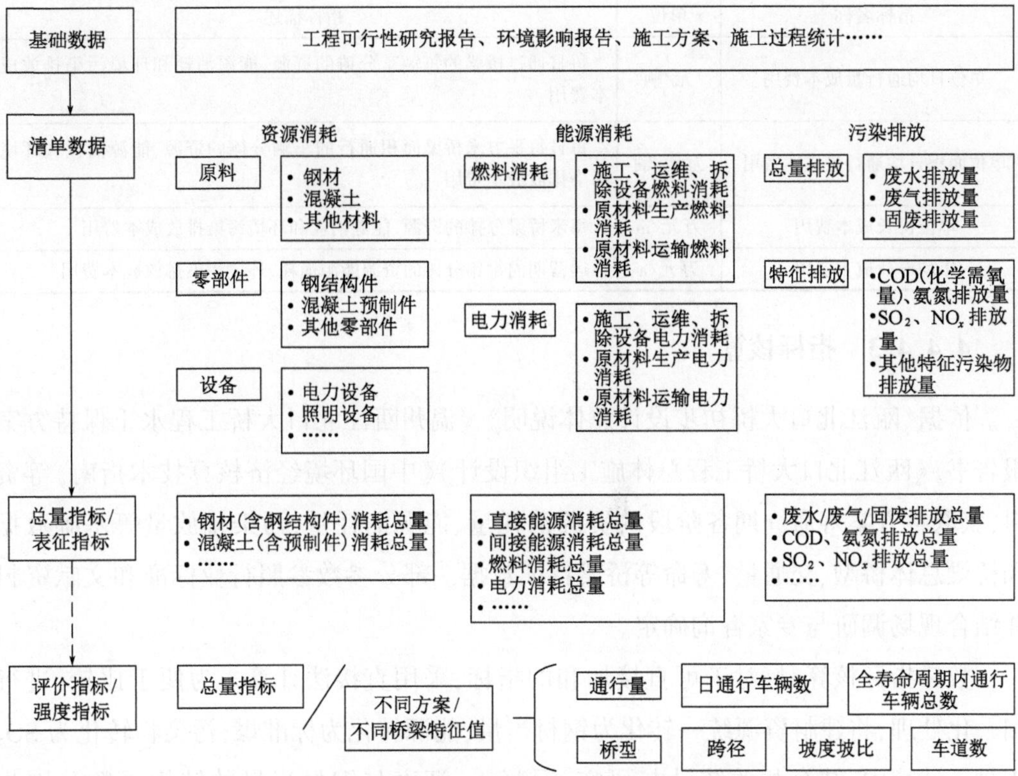

图 4-17　桥梁全寿命周期节能减排评估技术流程

数量评估指标体系　　表 4-8

分类		指标名称	单位	指标描述
资源消耗量	建材资源	钢材消耗量	t	钢材(含钢结构件)消耗数量
		混凝土消耗量	m^3	混凝土(含混凝土预制件)消耗数量
		沥青消耗量	t	沥青消耗数量
	水资源	水资源消耗量	t	新鲜水消耗数量
	土地资源	土地资源消耗量	hm^2	桥梁建设运营期占用土地总面积
能源消耗量		电力消耗量	万 kW · h	电力消耗数量
		重油消耗量	t	重油消耗数量
		柴油消耗量	t	柴油消耗数量
污染排放量		SO_2排放量	t	SO_2排放数量
		NO_x排放量	t	NO_x排放数量
成本费用		资源消耗费用	万元	由所有资源(包括水、土地资源)消耗量折算得到的总费用
		能源消耗费用	万元	由能源消耗数量折算得到的总费用
		污染排放成本	万元	由污染物排放数量折算的治理总费用

注:SO_2 为二氧化硫,NO_x 为氮氧化合物。

强度评估指标体系　　表 4-9

指标名称	单位	指标描述
单位日均通行量成本费用	元/辆	每日通过桥梁的每辆车分摊的资源、能源消耗和环境污染排放成本费用
单位面积日均通行量成本费用	万元/辆	每日每平方米桥梁面积通行的车辆分摊的资源、能源消耗和环境污染排放成本费用
单位桥长成本费用	万元/m	每米桥梁分摊的资源、能源消耗和环境污染排放成本费用
年均寿命成本费用	万元/a	运营期内每年分摊的资源能源消耗、环境污染排放成本费用

4.4.4.3 指标核算

依据《瓯江北口大桥初步设计总体说明》《温州瓯江北口大桥工程水土保持方案报告书》《瓯江北口大桥工程总体施工组织设计》《中国环境经济核算技术指南》等资料，获取各方案寿命周期各阶段的资源消耗量、能源消耗量、污染排放量等基础数据和桥梁总体桥型、交通量、寿命等桥梁特征数据。部分参数参照行业标准和文献资料并结合现场调研与专家咨询确定。

数量指标核算时，对于可直接加和的指标，采用直接法计算。为便于比较，进行归一化处理，将建材资源统一转化为钢材当量，能源转化为标准煤，污染物转化为 SO_2 当量。计算中，结合相关统计与研究，混凝土、沥青与钢材当量的转换系数分别为 0.056和 0.096，电、柴油、重油与标准煤的转换系数分别为 1.229、1.457、1.429，NO_x 与 SO_2 当量的转换系数为 4.662。

在数量指标核算基础上，根据所选取的日均通行量、桥长、设计寿命等桥梁特征值，重点计算成本的强度指标，用于不同设计方案的比较。

4.4.4.4 节能减排效益评估

1) 节能减排环境效益评估方法

桥梁节能减排环境效益往往反映在资源节约、能源节约与环境保护上。其中，节能效益采用“碳平衡原理”，利用能源的碳排放因子计算出碳减排量。本文碳减排量按照国家发展和改革委员会能源研究所推荐的标准煤的碳排放系数——0.67t 二氧化碳/t 标准煤进行计算。

大桥节能减排综合经济效益定义为大桥其他备选方案与基准方案的资源消耗成本、能源消耗成本、污染治理费用或综合成本的差值，如式(4-1)所示。

$$B = F_a - F_s \tag{4-1}$$

式中，B 为大桥基准方案节能减排效益(万元)；F_a 为备选方案成本/费用(万元)；F_s 为基准方案成本/费用(万元)。

由式(4-1)可计算基准方案相对于其他备选方案在各类型或各阶段的节能减排效益或全寿命周期总效益。

2)评价方案选择

参照瓯江北口大桥相关设计文件，选取了 8 个不同的设计方案，详见表 4-10。

瓯江北口大桥设计方案　　表 4-10

设计方案	对应功能单位类型	功能单位介绍
基准方案	所有	桥位：共线设计 桥型：双层钢桁梁三塔四跨连续悬索桥 中塔结构："A"形混凝土刚性中塔 中塔沉井施工：矩形沉井方案 组件设计和施工方式：设计施工一体化和组件预制装配施工，退役时回收率高
备选方案 1	路线选择	桥位为非共线设计，其他同基准方案
备选方案 2	结构设计	桥型为平层钢箱梁三塔四跨连续悬索桥，其他同基准方案
备选方案 3	结构设计	中塔结构为"I"形钢混组合塔，其他同基准方案
备选方案 4	结构设计	中塔结构为"人"字形钢塔，其他同基准方案
备选方案 5	建设施工	中塔沉井施工选取圆形沉井方案 1，其他同基准方案
备选方案 6	建设施工	中塔沉井施工选取圆形沉井方案 2，其他同基准方案
备选方案 7	退役拆除	组件设计和施工采用常规组件设计和施工方式，退役时回收率低，其他同基准方案

3)指标核算结果

依据上述方法，核算出数量与强度指标。由表 4-11 可知，基准方案总费用 23.0145亿元，低于其他方案；基准方案的资源、能源消耗量和污染排放量均为 8 种方案中最低的，对于环境更友好。备选方案 7 的总费用最高(26.0809 亿元)，建材资源消耗量也最高；备选方案 1 的土地资源占用量、水资源消耗量、能源消耗量和污染排放量均最高。

数量指标核算结果　　表 4-11

设计方案	建材资源(t)(钢材当量)	水资源(万 m^3)	土地资源(hm^2)	能源(t)(标准煤)	污染排放(t)(SO_2 当量)	总费用(万元)
基准方案	208668	330	45	54776	222893	230145
备选方案 1	219427	346	53	58008	233770	242992
备选方案 2	212051	335	45	55837	226246	233822
备选方案 3	212383	336	45	55504	227237	234044
备选方案 4	216711	344	45	56497	232076	238632

续上表

设计方案	建材资源(t) (钢材当量)	水资源 (万 m^3)	土地资源 (hm^2)	能源(t) (标准煤)	污染排放(t) (SO_2当量)	总费用 (万元)
备选方案5	212941	336	45	56141	227091	234796
备选方案6	212343	335	45	55950	226503	234145
备选方案7	249264	330	45	54776	222893	260809

由表4-12可知,基准方案的各项强度指标均为8个方案中最低的,备选方案7的各项强度指标均最高,说明基准方案在桥型设计、施工方式、运营管理等方面具有较好的节能减排效果。

强度指标核算结果(成本/费用)　　表4-12

设计方案	单位日均通行量 成本费用(元/Veh)	单位面积日均通行量 成本费用(万元/Veh)	单位桥长成本费用 (万元/m)	年均寿命成本费用 (万元/a)
基准方案	24605	664366	29	2301
备选方案1	25978	701452	31	2430
备选方案2	24998	674981	30	2338
备选方案3	25022	675622	30	2340
备选方案4	25512	688866	30	2386
备选方案5	25102	677792	30	2348
备选方案6	25032	675913	30	2341
备选方案7	27883	752885	33	2608

4)节能减排效益

从环境效益角度看,基准方案建材资源消耗量为208668t、水资源消耗量为330万m^3、土地资源占用量为45hm^2、碳排放量为37247.68t、污染排放量为222893tSO_2当量。与其他7个方案相比,基准方案建材资源消耗量最小,水资源消耗量、碳排放量、污染排放量均与备选方案7相当。综合比较,基准方案的环境效益最优。

全寿命周期内,相对于各备选方案,基准方案各类型、各阶段要素的节能减排综合经济效益计算结果见表4-13和表4-14。

各类型要素节能减排综合经济效益　　表4-13

设计方案	建材资源 节约效益 (万元)	水资源 节约效益 (万元)	土地资源 节约效益 (万元)	能源节约效益 (万元)	污染减排效益 (万元)	总效益 (万元)
备选方案1	8130	59	1200	2087	1371	12847
备选方案2	2559	18	0	678	422	3677
备选方案3	2806	24	0	521	547	3898
备选方案4	6075	51	0	1203	1158	8487
备选方案5	3231	22	0	869	529	4651
备选方案6	2777	19	0	749	455	4000
备选方案7	30663	0	0	0	0	30663

各阶段节能减排综合经济效益　表4-14

设计方案	建设期(万元)	运维期(万元)	退役期(万元)	全寿命周期(万元)
备选方案1	15285	5201	-7639	12847
备选方案2	4317	1594	-2234	3677
备选方案3	550	2161	-4113	3898
备选方案4	12294	4540	-8347	8487
备选方案5	5390	1990	-2729	4651
备选方案6	4635	1712	-2347	4000
备选方案7	0	0	30663	30663

由表4-13和表4-14可知,在总体节能减排综合经济效益方面,与其他7个方案相比,基准方案的节能减排效益为3677万~30663万元,相对于备选方案7最大,相对于备选方案2最小。

由表4-13可知,从各类型要素来看,相对于其他7个备选方案,对基准方案节能减排综合经济效益贡献最大的要素为建材资源,其次为能源,水资源贡献最小。这是因为大桥为钢结构桥梁,各方案建材资源消耗量最多,而能源单价较高,折算为成本后贡献也较大。在节约建材资源获得的效益上,基准方案相对于备选方案7最高,达30663万元。这是由于备选方案7采用常规组件设计和施工,相对于基准方案的一体化设计和组件预制装配施工,建材资源回收利用率最低。对于水资源、土地资源、能源和污染排放的节能减排效益,基准方案相对于备选方案1均最高,分别为59万元、1200万元、2087万元、1371万元。

由表4-14可知,从各阶段看,相对于备选方案1~6,基准方案节能减排综合经济效益均是建设期占比最大,运维期次之,退役期为负值。这是由于建设期资源、能源消耗和污染排放量大,相应对节能减排综合经济效益的贡献多;同时,由于基准方案建材资源用量少,退役期建材资源回收量小于备选方案1~6,节能减排表现为负效益。备选方案7和基准方案的建设施工、运维方式一致,资源、能源消耗和污染排放相同,但其退役期采用常规拆除,使得基准方案产生较大效益。

最终结果表明,与其他7个备选方案比较,目前瓯江北口大桥选用方案(基准方案)的节能减排环境效益最优,综合经济效益显著(3677万~30663万元)。这源于选用方案的路线、桥型和结构等的科学设计,表明方案设计是桥梁节能减排的基础。全寿命周期节能减排需要在设计阶段规划好桥梁原材料节约、能源高效利用、建筑垃圾回收等。案例桥梁的资源、能源消耗和污染排放集中于建设期,占全寿命周期的40%~

60%,相应的节能减排效益也主要产生于建设期。因此,桥梁工程节能减排的重点环节是建设施工,包括施工材料、技术和工艺等。此外,要遵循全寿命周期成本最小的原则,加强资源能源利用与环境管理。由于钢结构桥梁涉及物料回收问题,退役期的贡献也不可忽视。备选方案7采用常规拆除,资源回收率最低,使得基准方案与之相比节能减排效益最大。桥梁退役拆除过程中,应注意通过拆卸组件式构件等方式,回收利用钢材和物料。

4.5 智慧创新,匠心品质

4.5.1 建立BIM,提升设计

建立深度的全桥施工图BIM,辅助设计人员进行复杂空间设计,明确构筑物之间的联系,将二维的平面设计提升至三维的空间虚拟设计。对设计成果提前进行虚拟交付,通过VR(虚拟现实)等技术提前感知使用感受,从而提升整体设计质量。

结合三维可视化设计成果,利用BIM软件强大的碰撞检查功能,提前发现和解决设计中的碰撞问题,及早研究解决方案,避免后期返工的不必要浪费。利用BIM的信息属性,进行工程量和工程造价的自动统计计算。在BIM软件中根据设计路线进行漫游,检查功能设计和不满足功能需求的问题并记录。

4.5.1.1 维度升级,协同设计

1)建立全桥BIM

在设计阶段,采用传统设计与BIM设计结合的协同设计方式开展工作。根据瓯江北口大桥专用的统一BIM构件编码标准,建立全桥的施工图设计模型(图4-18)。全桥共建立模型构件17750个、钢筋106.7万根、零件(钢)27.4万个。

2)复杂结构的三维可视化设计

主桥索鞍、索夹、锚固系统等属于复杂的空间构造结构,采用平面设计很难对其空间位置进行精准表达,因此采用三维的可视化正向设计。这种设计方法可以提升设计质量,方便设计交底。鞍座、锚固系统的复杂空间构造BIM如图4-19所示。

图4-18　瓯江北口大桥BIM施工图设计模型示意

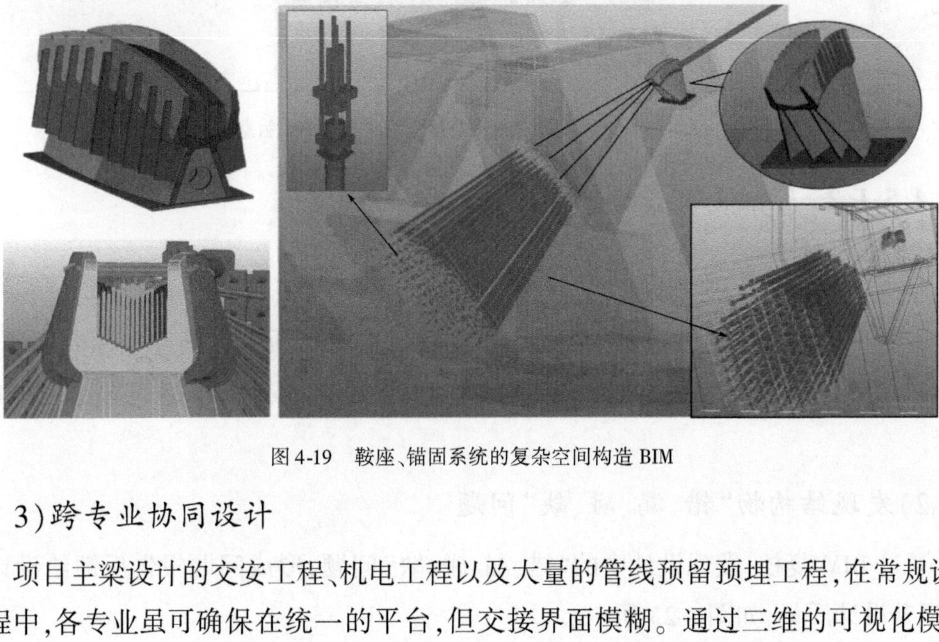

图4-19　鞍座、锚固系统的复杂空间构造BIM

3)跨专业协同设计

项目主梁设计的交安工程、机电工程以及大量的管线预留预埋工程,在常规设计过程中,各专业虽可确保在统一的平台,但交接界面模糊。通过三维的可视化模型,在清晰的主体结构上可进行合理的附属工程布设，大幅提升了各专业协同设计的效率。加劲梁交安、机电及预留预埋工程 BIM 示意如图 4-20 所示。

图 4-20　加劲梁交安、机电及预留预埋工程 BIM 示意

4.5.1.2　错漏碰缺，全面核查

1）解决主筋与预应力筋的碰撞问题

本项目索塔上下横梁位置处，通过 BIM 发现主筋同预应力筋存在冲突问题，如图 4-21所示。因此，开展三维正向设计，合理利用空间避让碰撞问题，如图 4-22 所示。

2）发现结构物“错、漏、碰、缺”问题

通过 BIM 复核，发现设计中的“错、漏、碰、缺”问题，形成问题报告反馈给设计人员，提升设计质量，如图 4-23 所示。

图 4-21　索塔预应力筋与主筋碰撞冲突示意

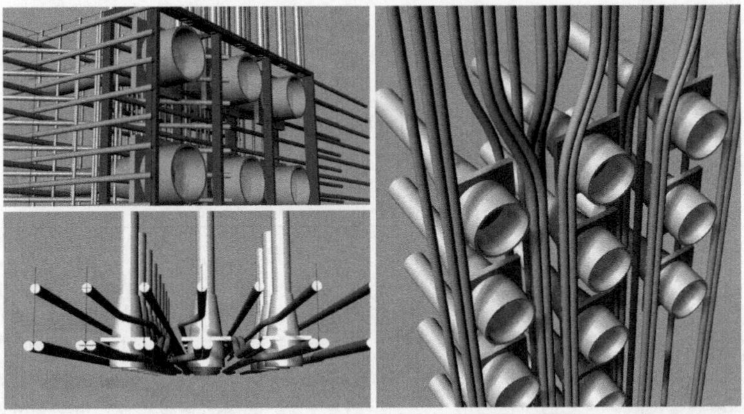

图 4-22　应力筋与主筋碰撞解决方案 BIM

日期	2016. 12. 19	Item No 问题编号
胡润华	胡润华	南引桥-05
图号，图名，版本，日期，	图名：S3-3-2-03 箱梁预制节段整体布置 S3-3-4-107 桥墩一般构造图总体平面图 2016102820161024 日期：2016. 11. 02	
收图日期	2016. 11. 02	
问题描述	根据图纸《S3-3-2-03 箱梁预制节段整体布置》S15-S16 跨上层边跨箱梁，《S3-3-4-107 桥墩一般构造图》S16 号墩，及《总体平面图 20161028》建模，S16 号墩中心与 S15-S16 下层边跨箱梁有碰撞。	

PDF	三维模型
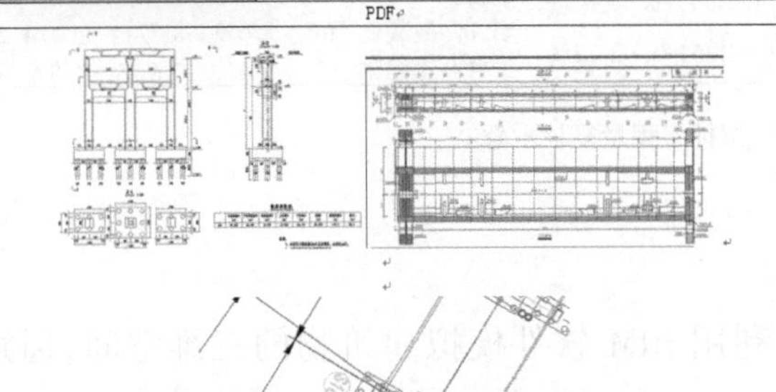	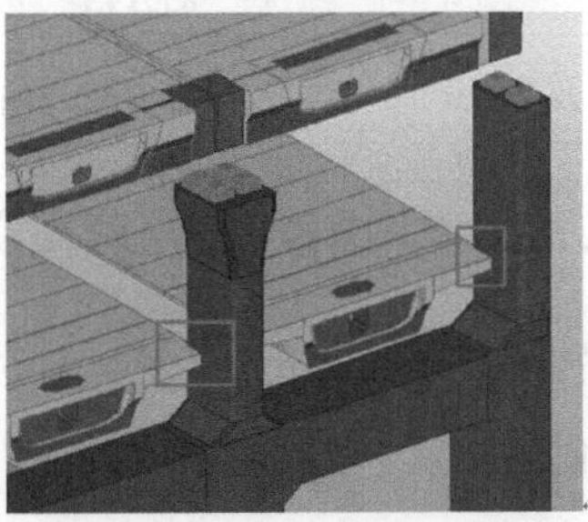

Reply / Comment 回复 / 意见：	Name 姓名：	Date of Signature 签署日期：

a)设计问题报告

图　4-23

工程分项	图纸问题	工程量表问题
主桥	108	527
南引桥	30	512
北引桥	140	1590
大临设施	16	0
合计	294	2629
总计	2923	

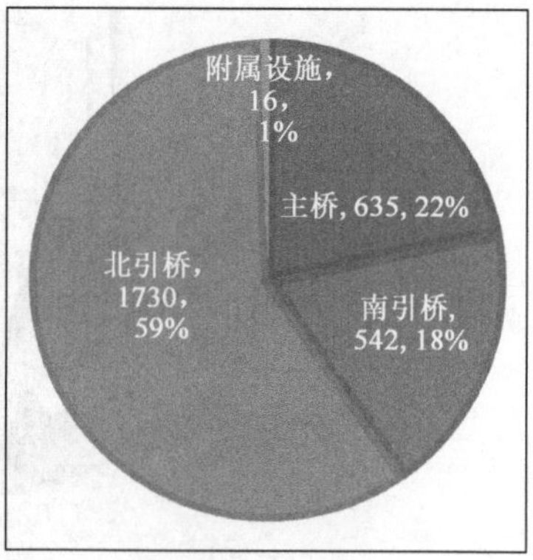

b)问题数量统计

图 4-23　设计问题报告及问题数量统计

4.5.1.3　自动算量，辅助招标

利用模型与工程量的联动特性，设计改变自动关联工程数量，做到工程量及时响应，使算量高效、精确，如图 4-24 所示。

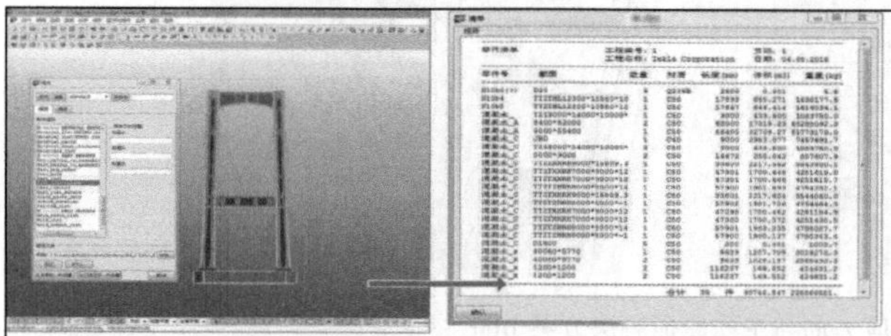

钢桁梁招标清单

核算类型	子目名称	单位	标段数量	模型数量	模型数量-标段数量	核增核减
钢桁梁	钢桁梁制作	t	77179.6	75179.6	−1999.9	−2.66%
防撞护栏	防撞护栏制作及安装	t	4877.6	4642.4	−235.2	−5.07%
检修通道	检修道及栏杆	t	1461.9	1446.1	−15.9	−1.10%
合计		t	83519.1	81268.1	−2251.0	−2.77%

土建一标0#清单

复核类型	子目名称	单位	清单数量	模型数量	模型-清单	核增核减
中塔	钢筋	t	607.5	613.0	5.5	0.90%

土建二标0#清单

复核类型	子目名称	单位	清单数量	模型数量	模型-清单	核增核减
结构	钢筋	t	10791.3	10730.5	-60.8	-0.57%
下部结构	混凝土	m^3	80507.0	80573.6	66.6	0.08%
上部结构	混凝土	m^3	71933.0	79922.5	7989.5	10.00%
	钢箱梁	t	19275.2	19479.1	-203.9	-1.05%

土建三标0#清单

复核类型	子目名称	单位	清单数量	模型数量	模型-清单	核增核减
结构	钢筋	t	7796.6	7960.4	163.8	2.06%
下部结构	混凝土	m^3	370980.0	370195.5	-784.5	-0.21%
上部结构	混凝土	m^3	83659.1	81578.7	-2080.4	-2.55%
	钢箱梁	t	8180.0	7690.5	-489.6	-6.37%

图 4-24　招标工程量复核示意

4.5.1.4　虚拟漫游，可视交底

根据工程实际情况，在设计阶段利用 BIM 软件模拟建筑物的三维空间，通过漫游、动画的形式，及时发现不易察觉的设计缺陷或问题，减少由于事先规划不周全而造成的损失，有利于设计与管理人员对设计方案进行辅助设计与方案评审。

在设计阶段、施工阶段应用的 BIM 技术和基于“互联网 + BIM”全寿命周期信息化管理技术，能够做到工程、设备、材料人员的协同管理，实现安全、质量、进度的联动管理。这些技术的应用是工程管理可视化、智能化、信息化、精细化高级管理模式的重要体现,能够大幅提升瓯江北口大桥项目精细化管理水平,也是瓯江北口大桥落实国家绿色公路相关文件精神的重要实践之一。瓯江北口大桥作为国内第一座采用"互联网+BIM"技术进行全寿命周期信息化管理的特大桥,实现了质量管理、安全管理、信息化管理的全方位创新,符合"建造标准化、管理系统化、养护便利化"要求,将开启我国跨海桥梁基础设施建设的新模式,为打造"国家级绿色公路"和"品质工程"提供重要支撑。

4.5.2　BIM应用,智造升级

瓯江北口大桥项目是国内首次在项目全寿命周期内应用BIM技术,可实现三维协同设计、工程自动算量、施工精细化模拟与协同管理等的大跨径桥梁。项目采用传统设计方式与BIM设计结合的协同设计方式开展工作,根据全桥统一的BIM构件编码标准,建立了深度的全桥施工图BIM。全桥共建立模型构件17750个、钢筋106.7万根、零件(钢)27.4万个,可以为桥梁工程"互联网+BIM"技术的大规模推广提供参考。

4.5.2.1　设计施工图与BIM检查

根据建设单位提供的设计施工图和BIM,采用逐个零件核查的方法检查设计施工图与BIM的内容与深度的一致性。

利用BIM的可视化特点及软件的碰撞检查功能,检查设计图纸和BIM的"错、漏、碰、缺",提前发现图纸中的问题。如发现问题及时提交相关人员进行核对,经确认后,方能对模型进行修改。对于发现问题的部位输出二维图纸,详细说明问题情况,并用云线标注。在修改后,注明修改人、审核人、修改版次等信息。

基于施工图BIM设计模型材料统计功能,分类统计主体结构材料用量,提高工程量统计效率,帮助管理人员有效掌控现场材料使用情况,为工程的材料采购和备料提供依据,辅助编制合同段的零号台账。

4.5.2.2　临时场地BIM建模及其应用

根据项目部提供的现场平面布置图采用REVIT、TEKLA等BIM软件建立项目部生活区、工作区、钢筋加工车间、混凝土搅拌站、材料存放场或施工便道、进出场道路,以及塔式起重机、浮式起重机、液压爬模、混凝土运输车等各种设备的三维模型,使用NAVISWORKS软件将三维场地模型进行整合组装和模拟。将施工总平面图转化为三维场景,构建出施工场地的电子沙盘,直观、准确地了解现场情况,合理进行施工场

地布置。图 4-25 ~ 图 4-27 所示为项目部现场布置图 BIM 三维模型。基于这些模型可以直观地了解施工现场生活区、钢结构加工区、现场材料堆放场地、现场道路等的布置情况,从而合理布置场地、保证现场运输道路畅通、方便施工人员的管理。

图 4-25　土建一标临时驻地 BIM 三维模型

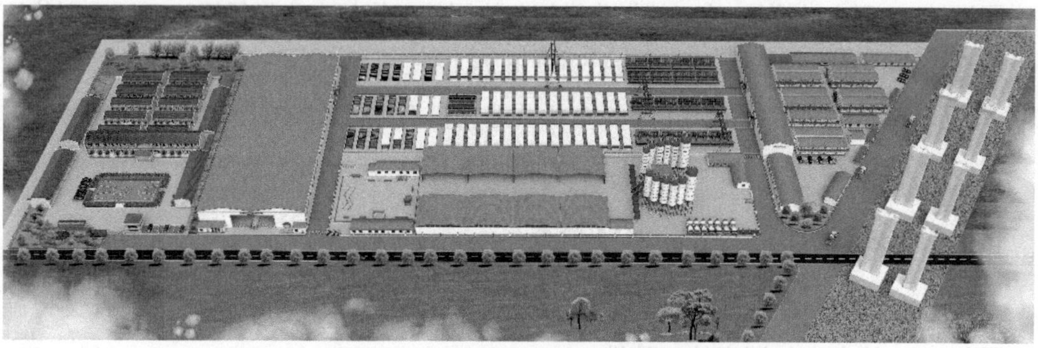

图 4-26　土建二标临时驻地 BIM 三维模型

图 4-27　土建三标临时驻地 BIM 三维模型

4.5.2.3　建立施工结构 BIM 编码体系

BIM 编码是施工结构 BIM 中零件的唯一标识,是零件加工、安装等过程信息传递的载体,是项目进度管理、质量检验、工程计量的重要基础数据。

瓯江北口大桥项目 BIM 编码体系由项目编码、分部分项工程编码及零件编码组成。编码方案级别为零件级,编码方式采用定长式编码体系,方便零件查找和施工辅助管理,如图 4-28 所示。

编码段序号	编码段含义	编码长度
1	项目编码	5
2	分项工程编码	8
3	零件编码	4
总计		17

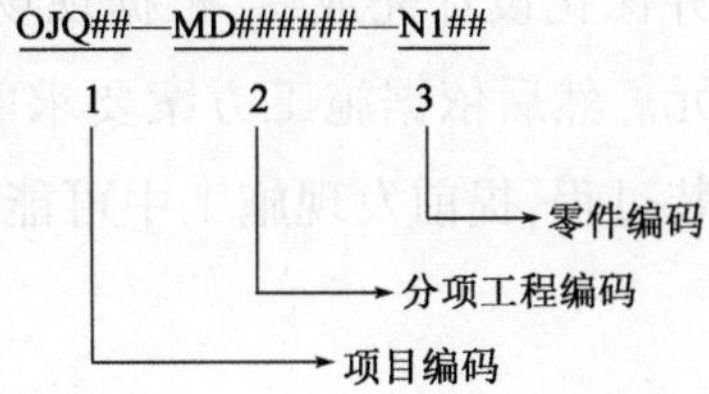

图 4-28 定长式编码体系

4.5.2.4 钢沉井深化设计及辅助施工

深化设计主要目的在于提升 BIM 的准确性、可校核性,确保符合施工要求;将施工操作规范与施工工艺融入施工作业模型,使施工图满足施工作业的需求。主要工作内容应包括:收集准确的数据,依据建设单位提供的资料(施工图、设计阶段 BIM)进一步完善模型,使之符合施工阶段的特点及现场情况并包含工程实体的基本信息。

瓯江北口大桥使用 TEKLA 软件在施工图 BIM 设计模型的基础上对钢壳沉井进行深化设计建模,建立吊装、浮运等所有附属设施的 BIM,以零件图纸、平面图、三维模型等多种方式辅助钢壳沉井加工制造,如图 4-29 所示。

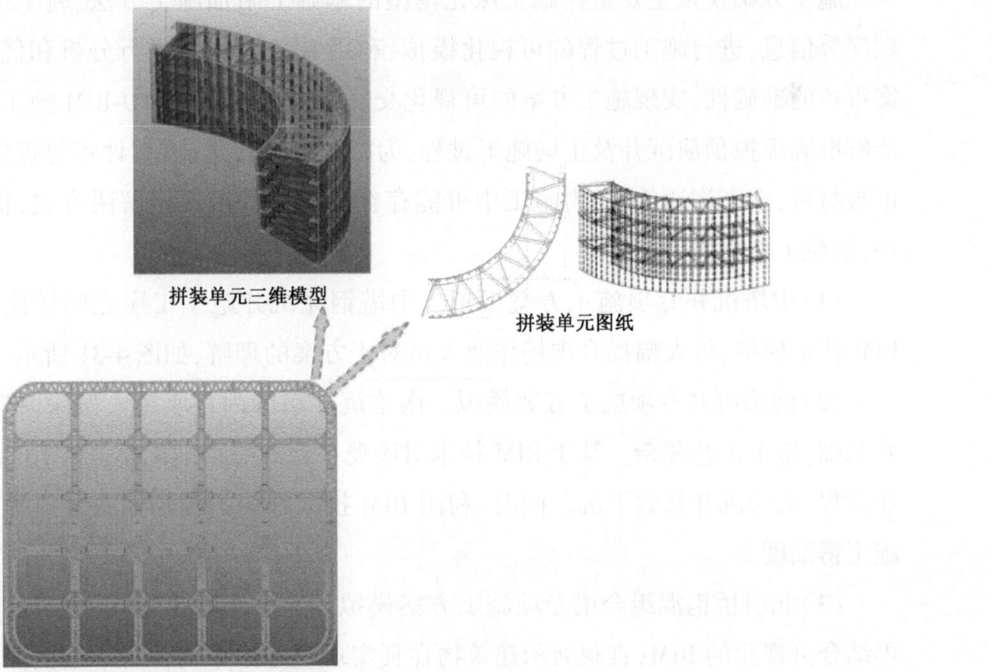

图 4-29 钢壳沉井深化设计

钢壳沉井钢结构施工深化形成的BIM成果文件包括:钢壳沉井钢结构施工深化BIM主体模型、节点深化BIM、沉井施工附属设施模型、钢构件图纸、钢构件零件清单。

钢壳沉井深化设计完成后,根据现场情况,将施工深化模型进行分段处理,形成小的拼装单元。然后依据施工方案要求的拼装单元定位及装配顺序,在电脑上虚拟演示沉井拼装过程,提前发现施工中可能存在的问题。图4-30所示为钢壳沉井拼装单元模型。

图4-30　钢壳沉井拼装单元模型

4.5.2.5　施工方案模拟

施工方案模拟主要是在施工深化模型的基础上附加施工方法、施工工艺和施工顺序等信息,进行施工过程的可视化模拟,利用BIM对方案进行分析和优化,提高方案审核的准确性,实现施工方案的可视化交底。基于BIM的4D-BIM施工过程模拟,能够准确虚拟预演沉井及主塔施工过程,为施工方案比选、方案评审等提供可视化的汇报材料,提高沟通效率;为施工中可能存在的问题提前提出解决方案,优化施工工序,避免工期损失。

(1)中塔沉井专项施工方案模拟。中塔钢壳沉井施工工序之间转换复杂,通过BIM技术模拟,可大幅提升现场作业人员对于方案的理解,如图4-31所示。

(2)南锚沉井专项施工方案模拟。南锚沉井系国内首座超大型深厚软土陆上沉井基础,施工工艺复杂。基于BIM技术对吸泥平台开展精细化模拟(图4-32),优化作业流程,确保沉井高效下沉。同时,利用BIM技术开展护栏预制拼装碰撞预演,提升施工精细度。

(3)北引桥钢混组合梁专项施工方案模拟。通过倾斜摄影技术,真实模拟地形,再结合可视化的BIM,直观展示建筑物在真实现场地形中的位置和空间关系,大幅提升了方案编制的质量,如图4-33所示。

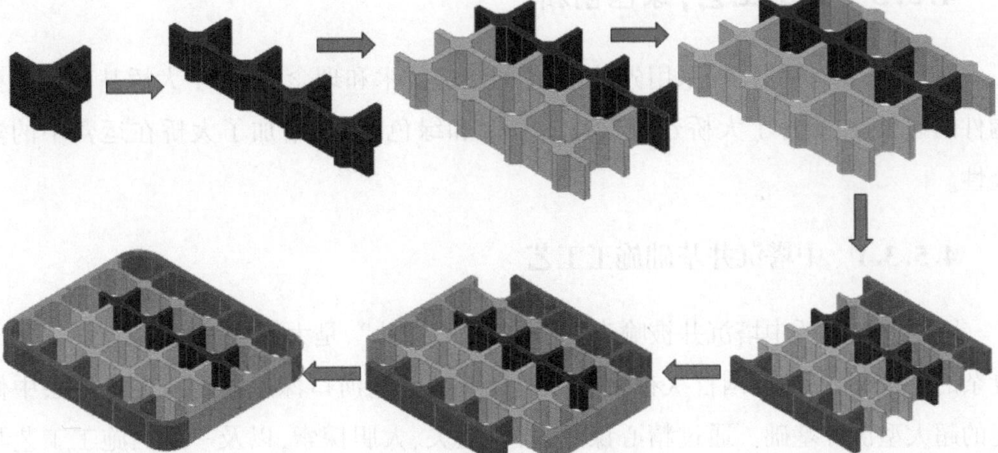

图 4-31　沉井预拼装 BIM 模拟

图 4-32　南锚沉井施工吸泥平台布设方案

图 4-33　倾斜摄影地模 + BIM 展示

4.5.3 施工工艺,绿色创新

瓯江北口大桥的建设采用先进、绿色的建造技术和理念,提高了大桥基础和主要构件的耐久性,提升了大桥建设过程的环保和绿色品质,增加了大桥在运营中的安全性。

4.5.3.1 中塔沉井基础施工工艺

瓯江北口大桥中塔沉井被喻为大桥的"定海神针",是大桥施工难度最大、工艺最复杂的关键部分,是我国首次在台风影响区域的强潮河口深厚淤泥质黏土地层中修建的超大型沉井基础。通过精心谋划、科研攻关、大胆探索,以及一系列施工工艺与工法的改进,沉井施工实现了万吨级下水、千里级浮运、厘米级定位、毫米级接高、高标准姿态终沉等系列创举,填补典型海区环境超大型水中沉井基础施工的空白,为我国跨海通道基础建设积累了宝贵经验。

1)软土地层全钢壳混凝土结构

瓯江北口大桥中塔沉井位于瓯江北汊水域,下覆40余米深厚淤泥及淤泥质黏土。基于高灵敏度和高触变性的勘察结果和充分调研,确定采用全钢壳混凝土结构,为沉井下沉过程中的姿态控制和主体结构安全奠定坚实基础。在沉井下沉过程中,钢壳沉井结构全程提供了良好的水中作业平台。同时,利用在钢壳沉井井壁注水、抽水的施工工艺,实现了姿态纠偏中的精准配重调整,对沉井下沉过程起到了较好的姿态调控作用。另外,在沉井快速下沉的过程中,沉井主体结构能够完全适应沉井在深厚淤泥质黏土地层中的下沉特性,结构应力、应变监控数据均较好满足了各项指标的要求。

2)万吨沉井滑道法下水技术

钢壳沉井下水是沉井施工第一个关键性控制节点。瓯江北口大桥中塔钢壳沉井平面为圆角矩形,长66m,宽55m,圆角半径7m,高度59m,重1.8万t。首节下水钢壳沉井质量超1万t,远超此前气囊法、浮吊法钢壳沉井最大下水质量。施工单位通过多次的方案研讨和论证分析,最终决定借鉴船舶滑道下水技术,挑战万吨级钢壳下水难题。在完成对国内大型船厂广泛调研后,最终选择在江苏南通韩通船厂进行钢壳加工制造,并在船台上进行首节下水钢壳沉井组拼工作。历时73d,在船台完成180块单元块组拼后,钢壳沉井高27.5m、重1.06万t。采用滑道下水技术将大桥中塔钢壳沉井沿滑道缓缓滑入长江航道,下水过程历时36s,沉井下滑平稳程度远超气囊法下水工艺，完成“万吨级”下水创举。

3）半潜驳式浮运技术

钢壳沉井制造场地位于江苏南通，距离桥址区约600km。瓯江北口大桥利用大型半潜驳船实现了万吨级钢壳沉井的远距离浮运，如图4-34所示。重1.06万t的钢壳沉井由船长189.60m、型长180m、型宽47m、型深7m、空载吃水3.5m、排水量29000t的“汉拿山”号载运，从长江流域江苏南通段湿拖至狼山锚地，与半潜驳固定连接；通过拖轮拖带半潜驳运输至温州外海园屿锚地，在园屿锚地与半潜驳脱离，再由拖轮湿拖至桥址处。浮运总里程长达362海里（670.424km），完成“千里级”浮运创举。

图4-34　瓯江北口大桥中塔钢沉井首节浮运

4）沉井水中定位技术

瓯江北口大桥桥址区距离入海口仅2km，属典型半日潮河口，日平均潮差4.5m，最大退潮流速2.8m/s，涨潮流速2m/s。为应对往复流强潮河口定位着床难题，大桥中塔沉井采用“锚墩平台＋重力锚”定位系统，利用短暂的平潮期，通过迅速向沉井井壁隔舱注水，辅助实时调整几何姿态，实现沉井快速精准着床，如图4-35所示。最终，沉井底口中心偏移量小于0.5%，树立精准着床新标杆。

图4-35　瓯江北口大桥沉井水中定位技术

5)淤泥地质条件高效取土技术

沉井施工中淤泥及淤泥质黏土的特殊地质工况给取土施工带来了极大挑战,传统吸泥手段在这种深厚淤泥层中取土效率甚低。面对黏性大、取土难等问题,瓯江北口大桥创新了在不同土层条件下的取土施工方案。在前期下沉阶段,项目部采取抓斗抓泥的方式有效取除了浅层淤泥;随着深度的增加,项目部自主研发了全新的绞吸机设备,用以取除 -30 ~ -20m 处淤泥质黏土;随着深度的进一步增加,项目部引入了正反循环钻机,配合不同的钻头改进措施,攻克了"黏钻""糊钻"等难题,取除了更深处的淤泥质黏土、粉砂质黏土等;在卵石层的取土施工过程中,项目部通过改进钻机设备型号、增加钻头和钻杆直径、研发超大直径吸泥管等一系列措施,攻克了卵石堵管、局部卵石胶结等施工难点,对沉井底部的卵石进行了有效取除,沉井终沉高程位于卵石层以下2m。

瓯江北口大桥采用的中塔沉井基础施工工艺具有明显的资源环境优势。首先是大部分工作于陆地构件厂进行,避免了在水域现场打桩浇筑,减少了对水域生态的扰动,节约了施工时间,减轻了对航道的干扰,保证了通行,节约了资源,减少了污染排放。其次,钢沉井基础构件和钢沉井焊接拼装构件同时施工,节约了施工时间,加快了项目进度,减少了资源消耗与污染排放。第三是实现精确定位、科学接高,减少了基础位置调整带来的资源消耗,降低了施工成本,减少了污染排放。第四是采用吸取底泥、重力下沉的施工方法,充分利用了沉井自身重力,减少了能源消耗和污染排放。第五是沉井封底混凝土和顶板承台混凝土采用大体积混凝土施工方法,分块施工、同时推进,合理配置了资源,保证了施工精度,节约了施工时间;降低了能源消耗,减少了对水体的污染和扰动。

4.5.3.2　智能涂装工艺

目前,钢梁涂装技术正从传统的人工涂装向智能化或半智能化涂装转变。智能化涂装在以往的钢箱梁较大平面施工中有所应用,但在钢桁梁智能涂装方面未见应用。相比钢箱梁涂装,钢桁梁涂装油漆具有独特的特点和要求。一是大节段桁片和桥面块体体积大,整体涂装对厂房规模要求高。二是钢桁梁杆件多,涂装面多,每个杆件至少4个面需要喷砂和喷涂,每个喷涂面面积较钢箱梁小,喷砂和喷涂转换次数多。三是对控制系统软件要求极高,以往钢箱梁大面智能化涂装是在大面上往复式行走喷砂喷涂,程序简单;而桁梁杆件结构复杂、面多且小,控制程序复杂,编程难度成倍增加。

瓯江北口大桥全桥共110个大节段钢桁梁,每个节段长20m。传统人工涂装明显难以保证质量,而现有涂装工艺设备不能完全适用于钢桁梁涂装施工。因此,瓯江北口大桥建设单位组织国内桥梁涂装领域顶尖团队,结合现有硬件和技术,全力研发了一套适合大节段钢桁梁的智能涂装技术体系,攻克了桁梁智能涂装难题。

针对温州瓯江北口大桥主桁节段与桥面板单元的智能防腐涂装,基于现有涂装厂房喷砂、左跨喷漆以及配套设备、设施,增设机器人、自动化装备及协同控制集成系统,实现桥梁单元件的喷砂除锈、喷漆作业的智能涂装。

1)智能喷砂除锈系统

瓯江北口大桥喷砂工作面分为主桁节段和上下钢桥面外表面。主桁节段(底面、侧面)的喷砂除锈,可由1台小车式喷砂机器人完成(图4-36)。小车式喷砂机器人负责对钢桥面外表面进行喷砂除锈,可离线编程规划运行路径,避开支墩,进行自主喷砂作业,如图4-37所示。标准钢桥面外表面有6根支撑肋,较多预留预埋。小车式喷砂机器人机械手臂前置,方便灵活操作,可作业范围较大,可全面覆盖钢桥面外表面。小车式喷砂机器人的喷枪可按需要对与工件表面的距离及角度进行调整,可固定到最优喷砂质量的位置。机器人控制台设在喷砂房观察窗的控制室中,控制室密封性较好、环境舒适,操作员在室内即可完成钢箱梁梁段外表面的喷砂作业,较大地改善了工人职业健康环境。喷砂厂房内配备了多台粉尘处理设备,可以较好处理喷砂作业期间产生的大量粉尘,保证粉尘不外泄,满足施工环保要求。

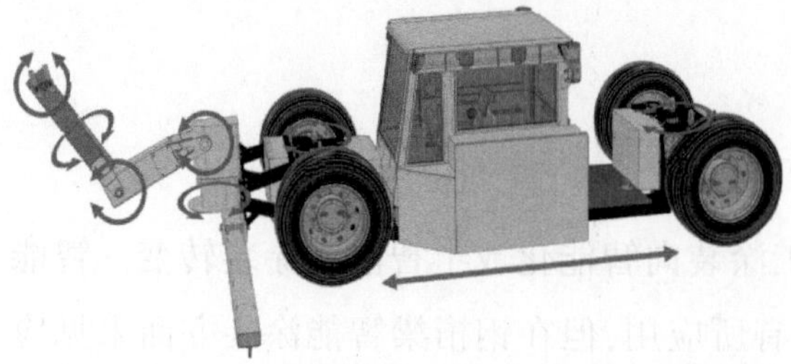

a)运动轴数

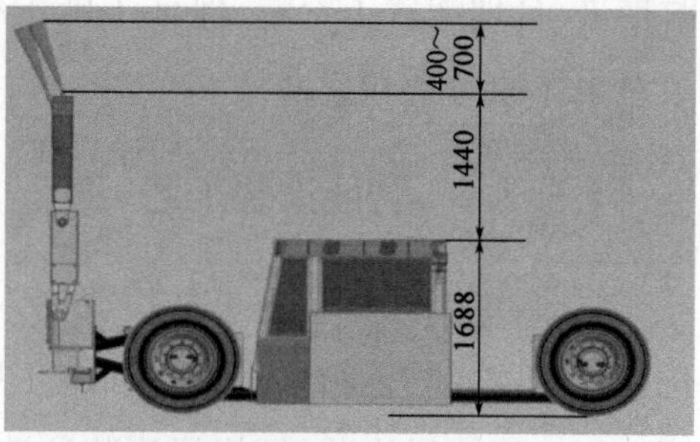

b)可作业范围

图 4-36　小车式喷砂机器人(尺寸单位:cm)

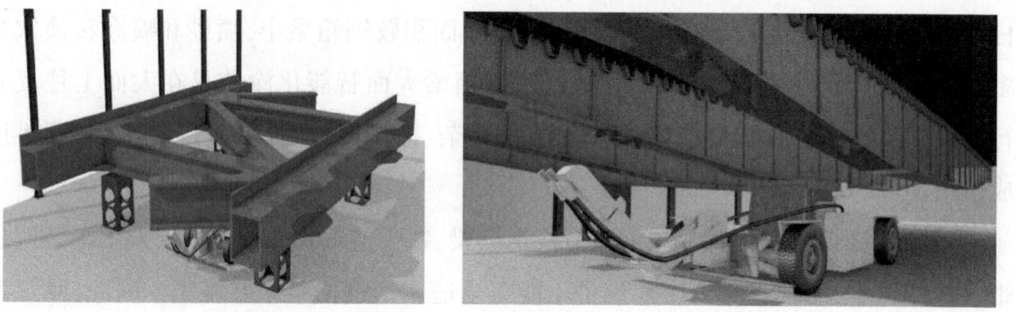

图 4-37　钢桥面外表面喷砂工位

2)智能喷漆

主桁节段(底面、侧面)的喷漆作业,暂定支墩立于主桁节段边缘处;在两支墩情况下,可由 1 台自导引式喷涂机器人完成。

六轴机器人搭载引导式小车,可按照预先编制好的程序轨迹沿厂房纵向及横向移动。自引导式小车由车架、驱动系统、配套定位附件组成,在预设好的轨道往复行走,负责托运自动化喷涂设备和油漆供应系统。

智能喷涂系统采用多组分自动配比计量。喷涂作业时,涂料可通过电子配比精确计量,经静态混合器混合后即时喷出。喷涂作业可实现自动配比、计量、即混即喷,避免浪费大量涂料,安全环保。此外,涂装厂房配备可自动启停的多台大型废气处理设备,在降低能耗的同时将喷涂作业过程产生的漆雾及有机气体有效回收吸附催化处理,实现喷涂作业及漆膜晾干过程漆雾及有机挥发物自动回收,降低能耗,安全可靠环保。主桁节段和桥面板智能喷漆机器人布置,分别如图 4-38 和图 4-39 所示。

3)与 BIM 协同管理平台对接

建立在线智能监测系统,实现对生产过程实时监控。该系统具备对生产过程数据和工艺参数优化、在线监测和故障诊治、生产信息全程跟踪和产品质量追溯、精益生产管理等功能,在集中控制室中央计算机统一管理下智能协调工作。

图4-38　主桁节段智能喷漆机器人布置

图4-39　桥面板智能喷漆机器人布置

通过对现有喷砂厂房、喷漆厂房集中控制室进行改造可与BIM系统对接，实现数据实时传输。对于喷砂、喷漆过程中的危险因素，建立安全隐患预判预警系统，提升产品质量，保障安全生产。配置在线智能监测系统与MES（车间制造执行系统）的接口。MES可以通过数据接口获取涂装智能生产线采集的数据，并形成相应的统计分析报表。

4.5.3.3　窄间隙焊接机器人自动焊接工艺

采用窄间隙焊接机器人实施自动焊接。机器人自带中控电脑平台，可实现焊接温度、程度、时间、精度的科学控制。通过机器人自带的检测工具和检测系统对焊接成品实施检测，提高焊接的科学性和针对性。此项技术被应用于大桥主索鞍等一些高强度、高精度的焊接部位，彻底解决关键部位焊接难度大的问题。窄间隙焊接机器人自动焊接工艺示意如图4-40所示。

图 4-40　窄间隙焊接机器人中塔主鞍座竖向摩擦板焊接示意

采用窄间隙焊接机器人自动焊接工艺，利用机器人自动焊接，提高了焊接的精度，避免了因精度误差带来重复作业和资源浪费；机器人不间断作业，节约了人力成本，提高了工作效率，实现了资源的合理配置和高效利用；保证了施工人员的安全，降低了事故发生率，减少了后期维护投入成本；实现了资源和能源节约，减少污染排放，有利于环境保护。

4.5.3.4　智能化深槽入鞍机器人

为解决刚性索塔带来的索股滑移问题，中塔主索鞍首次采用深槽索鞍。鞍槽最大深度达 929mm，索鞍中间设置竖向隔板，索股宽度与竖向隔板之间仅有 1.6mm 富余空间。若采用传统入鞍方式，不但操作十分困难、工作效率低下，而且容易引起散丝、鼓丝等质量问题。

为解决传统工艺将索股"砸"入索鞍产生的跳丝、乱丝问题，瓯江北口大桥项目团队共同研发了梳齿型主索鞍深槽入鞍设备（以下简称入鞍机器人）及配套施工工艺。入鞍机器人创造性采用了液压顶杆作为机械手，通过液压顶杆将索股"推"进索鞍。图 4-41 为入鞍机器人进行主缆索股入鞍。

为保证索股入鞍质量，在机械臂下方设计了行走小车，通过行走小车"托住"索股，在入鞍前再次进行索股整形。此外，机器人还配备了激光瞄准镜——3D 激光扫描视觉识别系统。通过该系统可将鞍槽内索股钢丝图像传输至电脑，同时对图像进行视觉识别，智能判断索股入鞍质量，一旦索股钢丝出现错乱可马上声光报警。与传统人工入鞍方法相比，采用入鞍机器人的入鞍质量得到显著提高，入鞍工作效率提高将近 30%。

图4-41　入鞍机器人进行主缆索股入鞍

4.5.4　工厂化生产,标准化施工

按照《关于打造公路水运品质工程的指导意见》的要求以及浙江省领导关于“建设高品质工程,支撑浙江综合交通勇立潮头”的指示,瓯江北口大桥遵循工厂模式进行施工建设,以标准化、装配作为抓手,规范施工各个环节,将“临时场”施工变成“永久厂”施工,全面提升施工质量。为此,瓯江北口大桥项目团队提炼归纳了标准、人员、机械、质量、安全、进度6个方面品质建设要求,同时打造大桥“三个工厂”——钢构件加工厂、混凝土预制构件工厂、现场作业工厂,确保大桥按时、优质、安全建成。

4.5.4.1　钢构件加工厂

瓯江北口大桥钢构件主要包括中塔沉井钢节段、钢混组合开口槽型梁、索鞍索夹、主缆吊索和钢桁架节段梁。这些钢构件的加工质量是钢结构整体质量的基础保障。

经过这几年钢桥建造的发展,国内已涌现出一些设备先进、管理到位、产品可靠的一流钢构件加工厂。瓯江北口大桥钢构件加工厂的品质建设是在通过竞标选出高水平钢构件加工厂后,对该工厂标准、机械、人员、质量、安全、进度6个方面提出更高的要求,以实现钢构件的“北口精度”。钢构件加工质量保障6个要求具体见表4-15。

钢构件加工质量保障6个要求　　表4-15

项目	具体要求
标准	专项检验评定标准
	强制标准:焊缝信息、涂装标准、加工精度、螺栓合格率
人员	熟练程度
	稳定度
	实名制管理
	BIM信息化手段抽查

续上表

项目	具体要求
设备	常规设备
	强制设备:自动化套料设备、自动化切割设备、自动化焊接设备
质量	原材料控制系统
	工艺流程控制系统
安全	执行厂家安全保障体系
进度	基于 BIM 技术的远程控制系统

瓯江北口大桥主要构件的工厂化生产,可以实现资源的合理配置,集约利用建材物资,提高构件制造精度和装配精度,从而提高桥梁的安全性和耐久性。

4.5.4.2 永久性混凝土预制构件工厂

瓯江北口大桥混凝土预制构件主要有钢混组合梁桥面板、短线法拼接箱梁和小型预制构件。按照“临时场”变为“永久厂”的建设理念,成立标准化混凝土构件生产厂。该厂建设内容包括高标准的厂区总体规划,厂区永久功能设计,以及配套的构件存储、运输、物流体系等。永久性混凝土构件厂的设立淘汰了“一桥一场”的粗放建设模式,节省了大量临时用地和养护用水,提高了混凝土构件质量,有效节约材料、资金和时间成本。混凝土构件生产质量保障 6 个要求具体见表 4-16。

混凝土构件生产质量保障 6 个要求 表 4-16

项目	具体要求
标准	专项检验评定标准
	强制标准:混凝土表面质量/混凝土含气量/钢筋保护层厚度合格率、预制节段梁强度均匀性
人员	培养桥梁产业工人
	首次运用信用评价体系
	作业人与产品关联
	打造桥梁工匠(培训、考核、比武、创新、激励等)
设备	常规设备
	强制设备:钢筋加工设备、混凝土浇筑设备、绑扎枪/模板自动化支撑系统、运输设备
质量	原材料控制系统
	模板质量控制系统
	拌和质量控制系统
	质量管理体系
安全	安全监控系统、安保体系
	特种设备安全管理
	职能部门专项管理、监理驻地管理
进度	基于 BIM 技术的预制厂生产管理系统

4.5.4.3　现场作业工厂

瓯江北口大桥现场作业工厂作业内容主要包括沉井、锚碇、桩基、索塔、钢桁架、主缆吊索、现浇箱梁、钢混组合梁、框架梁、拼接箱梁、墩柱和盖梁施工等，涵盖多种不同的施工方法。这是“三个工厂”品质建设中最为困难的部分。打造现场作业工厂的目的是将以往现场施工较为松散、粗犷的管理模式，改造为工厂式的管理模式，实现现场工作的标准化、装配化、精细化、信息化、机械化和自动化。现场作业工厂的工作重心包括：现场作业工厂化总体设计、功能布置、标准化施工流程、装配化施工方式、精细化施工管理，以及完成铸就北口“智”度目标。

现场作业质量保障的6个要求具体见表4-17。

现场作业质量保障6个要求　　表4-17

项目	具体要求
标准	专项检验评定标准
	强制标准：专用测量标准、首件工艺标准、混凝土外表面/含气量/保护层厚度、墩柱钢筋笼预制装配
人员	班组规范化（6S管理）、稳定性管理、美丽班组建设
	班组首件制、班组PDCA（计划-执行-检查-处理）工作法
	人员信息化管理
设备	常规设备
	强制设备：钢筋加工、拌和楼监控系统、大型设备
质量	方案控制体系
	原材料、模板质量、拌和质量、张拉控制系统
	监控中心、测量中心、试验中心
安全	安全中心、结构监控预警、安全专项活动、临时用地
	人员管理系统、第三方安全顾问
	职能部门专项管理、监理驻地管理
进度	基于BIM技术的生产控制系统

注：6S管理指包含整理、整顿、清扫、清洁、素养和安全6个核心要素的管理方法。

4.5.4.4　装配化施工

配合“三个工厂”建设，瓯江北口大桥施工单位严格参照各项技术参数，实现了智能装配。如中塔首节沉井基础的落位安装，采用先进设备进行协同控制，精确定位；节段梁拼装，高空作业由多方位协同控制，智能设备精确组配。这种装配化施工方法能够实现装配的高度智能化，保证施工质量和施工安全，提高作业精度，缩短工时。

装配化施工可提高施工效率，减少施工过程的资源消耗和污染。“三个工厂”和装配化施工在瓯江北口大桥工程中的实践不仅可提高该工程的建设品质，还可以形成一套可复制、可推广的标准化施工经验，促进公路桥梁建设方式向市政基础设施建设方式转变。

4.6 标准示范，精细管理

4.6.1 建设信息平台，协同管理

利用“互联网＋BIM”技术打造信息化协同管理平台，有效提高协同工作效率、质量安全管理水平、项目管理现代化程度和工程数据科学利用水平。

4.6.1.1 化繁为简，打造多方协同平台

打造建桥多方共用的信息化管理平台（图4-42），让“迷宫式”的复杂流程、审批手续转移至云服务器端，提高工作效率，实现数据的自动流转、分析、归档、展示。

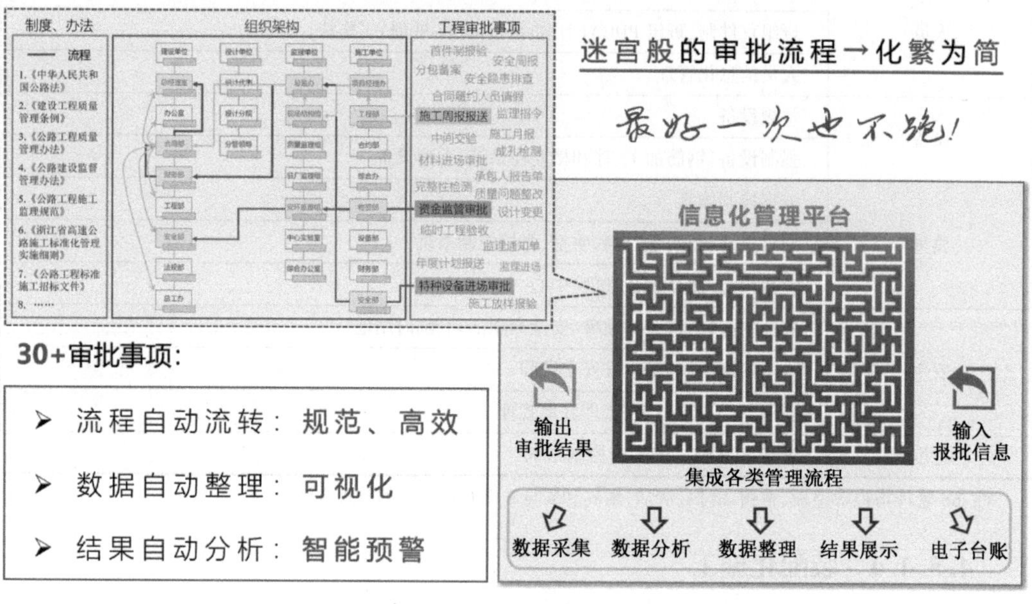

图4-42 建桥多方的信息化管理平台

4.6.1.2 信息“仪表盘”模式，高效分项汇总信息

通过后台的数据自动筛选、分析，形成综合性图表，直观、高效展示数据结果信息。

4.6.2　管理力求规范,试行 QHSE 管理体系

瓯江北口大桥编制了全国首套交通行业 QHSE 管理体系,围绕质量、健康、安全和环保 4 方面内容,全面覆盖了各参建单位的主要职责和管理工作,以风险管理为核心进行全过程控制,建立 PDCA 管理模式框架及三级监控机制。该体系不仅强调了管理系统的可持续性,还从点、面、体不同层面进行管理和监控,做到"重点突出、层次明了、流程清晰",充分发挥管理体系的先导性和基础性作用,全面提升建设管理的科学性、专业性、全局性,极大地提高了资源的利用率。

4.6.2.1　QHSE 管理体系手册

QHSE 管理体系手册对 QHSE 管理体系进行全方位的阐述,是 QHSE 管理体系的指导性文件,是 QHSE 管理体系的正常运转和不断更新的保障。QHSE 管理体系手册的内容构成见表 4-18。

QHSE 管理体系手册内容构成　　表 4-18

序号	类别	内容
1	战略目标	(1)打造桥梁建设领域的 QHSE 管理体系的示范工程; (2)创建工程建设领域的 QHSE 管理体系的规范; (3)引领工程建设领域管理体系高效化、规范化和制度化
2	管理目标	(1)QHSE 管理体系以质量为核心,严把工程质量关,提升工程质量,实现品质建桥; (2)QHSE 管理体系以健康为保障,以人为本,注重施工人员健康,保障大桥建设的顺利进行,实现健康建桥; (3) QHSE 管理体系以安全为底线,将安全作为工作重点,落实安全工作,力争大桥建设过程中零事故,实现安全建桥; (4)QHSE 管理体系以环保为基础,将环境保护贯穿工程始终,杜绝污染事故,实现环保建桥
3	管理方针	系统思考,综合发力;部门协同,简约高效;决策有序,流程规范;点线结合,统筹管控
4	管理理念	质量核心,品质建桥;保证健康,以人为本;安全底线,预防为主;节能环保,绿色发展
5	管理体系思路	领导与承诺是 QHSE 管理体系建立实施的前提,策划与保障是 QHSE 管理体系建立实施的基础,运行与管控是 QHSE 管理体系建立实施的关键,监测与纠偏是 QHSE 管理体系有效运行的手段,评估与优化是 QHSE 管理体系持续改进的方式
6	管理体系模式	各模块关系,各模块耦合关系,管理事件分类,统筹管理模式
7	管理体系要素	领导与承诺,策划与保障,运行与管控,监测与纠偏,评估与优化

4.6.2.2　QHSE 管理体系规程

温州瓯江口大桥有限公司 QHSE 管理体系规程是 QHSE 管理体系的程序文件,将管理工作所涉及的 94 个事件(职责)按照排列组合的方式划分为 15 类,并分别编制

出各事件的流程图。

QHSE 管理体系规程内容构成见表 4-19。

QHSE 管理体系规程内容构成 表 4-19

序号	类别	内容
1	编制目的	(1)建立 QHSE 管理体系,根据法律法规和应遵守的其他规定,消除或尽可能降低工程建设中所面临的风险; (2)实施、保持和持续改进 QHSE 管理体系; (3)确保自身符合其所阐明的 QHSE 方针; (4)做出自我评价和自我声明; (5)施工单位在符合规范要求方面保持一致性; (6)对 QHSE 管理体系的确认; (7)全面提升温州瓯江口大桥有限公司和参建单位的全体员工的 QHSE 意识,营造良好职业健康、安全与环境企业文化,以确保实现各项要求
2	编制依据	(1)管理部门的规模; (2)工程实施的复杂程度和程序; (3)针对性的法规或标准规范; (4)企业现有的制度、措施、规程等
3	适用范围	(1)适用于温州瓯江口大桥有限公司管理层,各职能部门工作人员; (2)适用于公司日常管理工作中质量、健康、安全和环保 4 方面职责的履行; (3)适用于瓯江北口大桥设计、招投标、施工,竣工验收的建设全过程
4	事件分类	按照排列组合的规则,将 QHSE 管理体系中涉及的 94 个事件划分为 15 类
5	事件(职责)处置流程	分析各事件处置流程,绘制流程图,根据 15 个分类进行整合;每个事件流程图明确事件处置的环节和部门责任

4.6.2.3 QHSE 管理办法汇编

参考各部门和相关项目管理办法,遵循 QHSE 管理体系要求和 PDCA 运转模式,依据相关法律、法规,编制 94 个事件所涉及的管理办法。同时,按照编码规则进行整理,使其与各事件、分类、部门、参建单位等信息相对应,确保有章可循、按章办事、依章追责、循章奖罚。QHSE 管理办法汇编内容构成见表 4-20。

QHSE 管理办法汇编内容构成 表 4-20

序号	类别	内容
1	编制模板	统一封面;统一编写记录表
2	主要内容	适用范围;参考文件;术语与定语;涉及部门职责;管理内容;运行流程;附件
3	编码规则	一级编码;二级编码;三级编码;四级编码;五级编码
4	办法汇编	办公室 3 个;总工办 16 个;工程管理部 17 个;安全管理部 37 个;计划合同部 14 个

通过建设 QSHE 管理体系,打造更加规范、更加科学的施工管理体系,实现对工程团队、工程质量的全方位监督管理,实现对工程人员、工程设备和工程运输等各个环节的垂直管理;从而高效推进工程进度,最大限度利用资源和节约能源,最大限度

地减少污染和保护环境,实现工程效益和环境效益的统一。

4.6.3　强化景观设计,打造浙江新样板

瓯江北口大桥位于浙江省东南部,是温州由“滨江城市”向“滨海城市”发展过程中的重要地标性构筑物。桥梁景观设计要统筹考虑城市建设规划、人文特点,以及桥位周边自然地理风貌、地形地势特点等。

温州自然资源及旅游资源丰富,千年以来的瓯越文化源远流长。大桥造型设计从山水文化中汲取水元素,从瓯越文化、开埠文化中汲取历史的印记及时代的气息,同时引用欧派建筑中曲折平缓的出檐设计。

4.6.3.1　桥型美学设计

瓯江是温州市辖区内最大的河流,其上游有多座桥梁跨越,且桥梁各有特色,已成为瓯江上一道道亮丽的风景线。瓯江北口大桥项目线位跨越瓯江河口,跨径和规模均为瓯江上最大。因此,应重点考虑桥梁景观这一要素,使得桥梁建成后能融入周围的自然山水,成为温州市风格独特、形态优美的地标性建筑和一道新的人文景观。

在主桥部分主要构成中,纵向景观包括中塔、边塔、悬索、吊索和南北岸高墩。经比选采用三塔四跨方案,使视觉重心集中在三塔之上,提升塔的景观性;主桥范围内,悬索主缆与吊索、主缆之间的整体性较好,水面景观显得轻巧洁净。三塔四跨和三塔两跨景观设计比选如图4-43所示。

a)三塔四跨

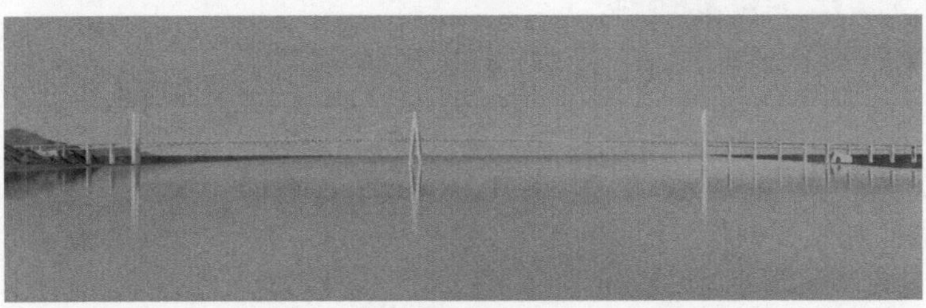

b)三塔两跨

图4-43　三塔四跨和三塔两跨景观设计比选

4.6.3.2 索塔景观设计

索塔是桥塔式悬索桥最突出的构件之一,其景观设计至关重要。瓯江北口大桥索塔景观设计和“瓯江之门”设计分别如图 4-44 和图 4-45 所示。

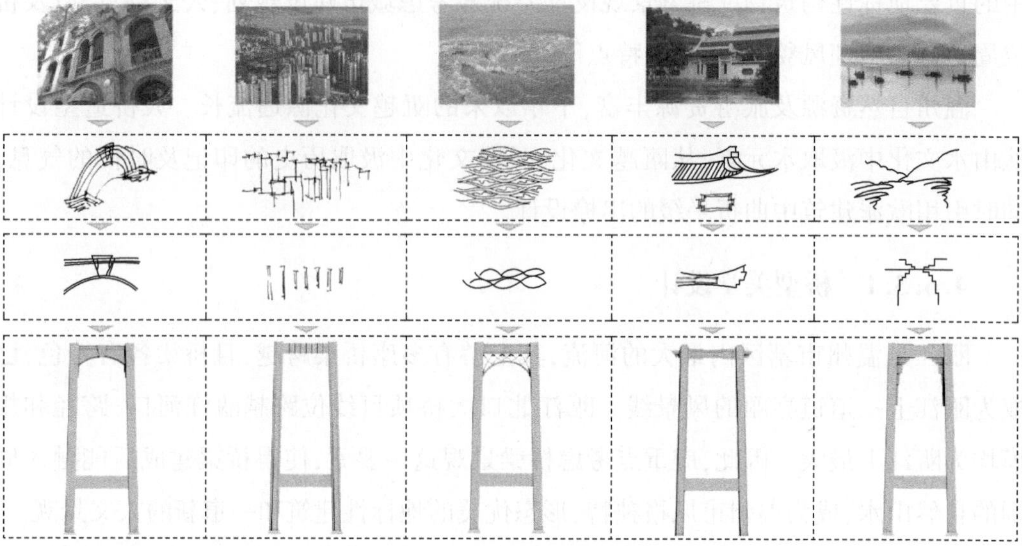

图 4-44 桥梁索塔景观设计

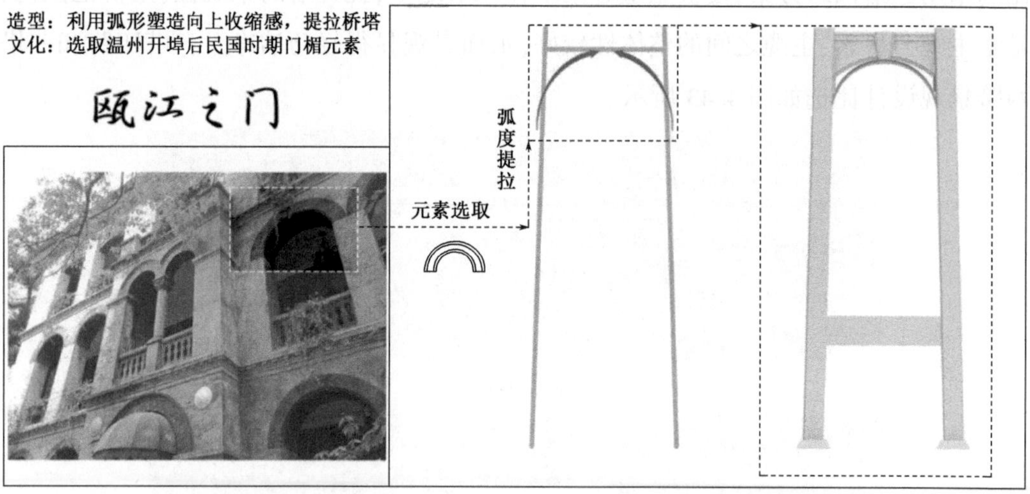

图 4-45 桥梁索塔“瓯江之门”设计

4.6.3.3 桥头公园设计

瓯江北口大桥作为一座国家级的桥梁工程,在其建设过程中形成了丰富的桥梁建设文化;同时,作为一定时期内具备高技术含量的地标性建筑,可利用自身特有的优势打造科普教学基地,提升桥梁建成之后的文化内涵。

结合南岸区域规划定位,建设占地面积约12万m^2的桥梁主题公园(图4-46)。其设计目标为:①打造具有互通与科普意义的公共空间;②成为充满活力的休闲观光目的地;③营造多维度的生态环境景观。

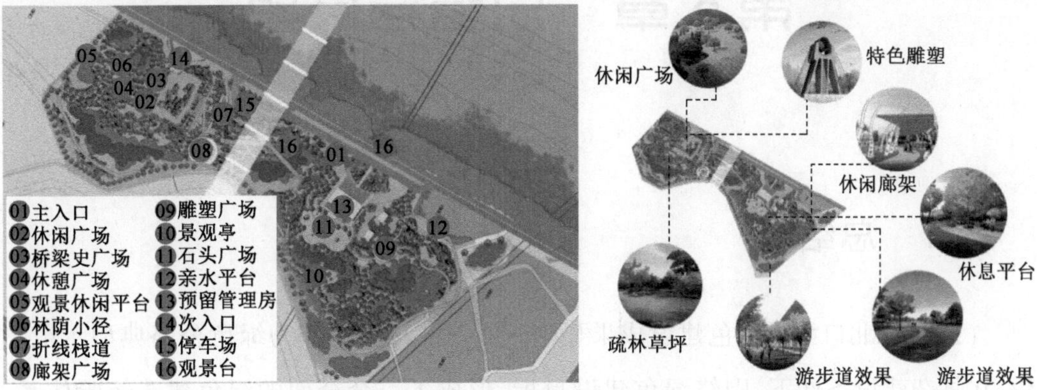

图4-46　南岸桥头公园规划

4.6.3.4　夜景景观设计

瓯江北口大桥桥址区沿江河岸为景观绿化带,今后将作为重要的城市观景区域。夜景是城市亮丽风景线的重要组成部分,因此大桥的夜景设计至关重要。图4-47为大桥夜景暖光透视方案。

图4-47　大桥夜景暖光透视方案

第5章　总结与展望

5.1　总结

(1)瓯江北口大桥绿色建设成果显著。瓯江北口大桥作为绿色公路典型示范工程,在复杂建设条件下,围绕绿色建设目标,形成了一套全面的绿色建造经验体系。通过资源集约利用,如双线共线、土地精细规划利用等措施,有效减少了资源浪费;通过强化排污控制、推进边坡修复、严格施工管控等生态保护措施,显著降低了工程对环境的影响。同时,注重工程质量与耐久性,从设计到施工各环节保障桥梁品质,实现了优质耐久的目标;智慧创新贯穿始终,BIM 技术应用、施工工艺创新等提升了工程建设水平;利用信息平台和 QHSE 管理体系,保障了工程高效推进,成为绿色大跨径桥梁建设的典范。

(2)公路大跨径桥梁绿色建造技术体系完善。本书围绕公路大跨径桥梁绿色建造,从设计、施工到养护、运营构建了完整的技术经验体系。绿色设计涵盖桥位桥型选择、结构设计、构件设计等多方面,强调全寿命周期成本最优和生态环保;绿色施工通过做好设计核查和施工准备,在各施工环节加强资源利用和环境保护;绿色养护运营则以预防为主,推进建养一体化,强化绿色养护和运营管理,加强风险管控。这些技术经验为公路大跨径桥梁的绿色发展提供了系统指导。

(3)绿色建设理念与实践结合意义重大。瓯江北口大桥的绿色建设实践,将绿色发展理念深度融入桥梁建设的各个环节,不仅实现了自身的绿色发展目标,还为公路桥梁行业提供了宝贵的经验借鉴。通过对其经验的总结和推广,有助于推动整个公路桥梁行业向绿色低碳转型,促进资源节约、环境保护和可持续发展,对于贯彻生态文明建设、实现"双碳"目标具有重要意义。

5.2　展望

(1)持续深化绿色设计创新。未来公路大跨径桥梁绿色设计应进一步结合新兴技术,如人工智能、大数据等,更加精准地进行桥位选择和桥型设计,优化结构和构件设计,提高桥梁的耐久性。同时,加强对新型绿色建筑材料的研发和应用,降低桥梁全寿命周期成本,提升桥梁的绿色属性。

(2)推动绿色施工技术升级。不断探索和应用更加环保、高效的绿色施工技术和工艺,提高施工过程的自动化、智能化水平,减少人工干预,降低施工风险,提高施工质量和效率。加强施工过程中的资源管理,提高资源利用率,减少废弃物产生,实现施工过程的绿色低碳发展。

(3)加强绿色养护运营管理。建立更加完善的桥梁养护运营管理体系,借助信息化、智能化手段,实现对桥梁健康状况的实时监测和精准评估,及时发现和处理病害,延长桥梁使用寿命。进一步推广绿色养护技术和材料,提高养护作业的标准化、规范化水平,降低养护成本。同时,加强对桥梁运营过程中的环境管理,减少对周边环境的影响。

(4)促进绿色建设标准体系完善。随着公路大跨径桥梁绿色建设的不断发展,需要进一步完善绿色建设标准体系,明确绿色设计、施工、养护、运营等环节的技术标准和规范,为行业发展提供更加明确的指导。加强对标准体系的宣传和培训,确保标准得到有效执行,推动公路桥梁绿色建设的规范化发展。

(5)强化行业绿色发展协同合作。公路桥梁绿色建设需要政府部门、建设单位、设计单位、施工单位、科研机构等的协同合作。政府应加强政策引导和支持,推动绿色建设理念的普及;建设单位应发挥主导作用,积极践行绿色建设要求;设计单位和施工单位应不断提升技术水平,创新绿色建设方法;科研机构应加强绿色建设技术的研究和开发,为行业提供技术支撑。各方共同努力,形成推动公路桥梁绿色发展的合力。

参考文献

[1] 杨星.绿色生态公路建设与管理关键技术探析——以新疆首条景区生态公路为例[J].交通建设与管理,2015(12):57-61.

[2] 李祝龙,王艳华.绿色公路的建设要点[J].科技创新与应用,2013(36):207-208.

[3] 秦晓春,沈毅,邵社刚,等.低碳理念下绿色公路建设关键技术与应用的探讨[J].公路交通科技(应用技术版),2010,6(10):308-310,322.

[4] 罗根传,黄伟宏.基于全寿命周期的绿色公路规划及实践——以广西柳南高速为例[J].交通建设与管理,2015(12):31-36.

[5] 张硕,廖瑾.绿色公路工程造价预算与成本控制分析[J].黑龙江交通科技,2018,41(3):177-178.

[6] 王海涛,栾治军,黄明利,等.基于碳排放评价的桥梁路基建设方案比选优化研究[J].公路,2023,68(4):275-281.

[7] 林龙,冯忠居,罗新才,等.公路桥梁绿色排水体系设计计算[J].给水排水,2022,48(S01):34-39,44.

[8] 孙策.城市桥梁预制装配化绿色建造技术应用与发展[J].世界桥梁,2021,49(1):39-44.

[9] 许晓红,薛花娟,张剑锋,等.超高强度耐久型桥梁缆索绿色高效成套技术研究与应用[J].中国冶金,2022,32(8):143-143.

[10] 王勇.公路桥梁工程C50低碳混凝土耐久性能试验研究[J].公路交通科技(应用技术版),2020,16(6):25-27.

[11] 王银辉,蒋建男,谢含军,等.桥梁工程全寿命周期碳排放流计算与分析[J].科学技术与工程,2023,23(22):9605-9614.

[12] 朱耀文.绿色低碳桥梁评价体系研究[D].北京:北京交通大学,2018.

[13] 李齐丽,田凯,潘济,等.大跨径桥梁全生命周期节能减排效益评估[J].公路交通科技,2022(S2):345-352.

[14] 邓红梅,谈亭.绿色设计理念在桥梁预防性养护设计中的应用探讨[J].建筑工程技术与设计,2019(10):1824.

[15] 李贤钰,靳东兆.桥梁绿色施工优化设计综合评价指标体系[J].交通标准化,2014,42(11):174-177.

[16] 李亚君,林慧东,吴坷.BIM技术在桥梁工程全生命周期的应用探索[J].建筑工程技

术与设计,2015(8):988-988.

[17] 覃文武.大跨径连续刚构桥梁上部结构施工质量管理[J].交通世界,2018(24):78-79.

[18] 刘文国.道路桥梁建设中新技术及新材料的应用[J].交通世界,2017(15):82-83.

[19] 江成辉,王元锋,兰乐意,等.钢结构工厂化深度预制及编码标识技术[J].安装,2020(7):26-28.

[20] 张伟.高海拔峡谷地带高墩桥梁选型研究[D].重庆:重庆交通大学,2017.

[21] 苑广普,矫立超,戎贤,等.高速公路服务区被动式超低能耗建筑实践研究[J].建筑节能,2019,47(1):82-87.

[22] 王勇,刘谦.杭州湾跨海大桥总体景观设计[J].公路,2006,51(9):21-26.

[23] 刘龙.基于环境与功能的桥梁结构选型研究[D].重庆:重庆交通大学,2019.

[24] 张建辉.基于绿色观念的公路桥梁施工技术[J].交通节能与环保,2016,12(1):88-90,94.

[25] 席先华,何松涛.基于全寿命周期成本分析的桥梁设计研究综述[J].公路交通科技(应用技术版),2015,11(5):176-178.

[26] 温晓峰.绿色环保理念在道路桥梁施工中的技术运用分析[J].黑龙江交通科技,2021(8):163-165.

[27] 刘桂琴,崔展.新技术新材料在桥梁改建工程中的应用[J].桥梁建设,2000,30(4):65-68.

[28] 刘德宝,张红星.中国桥梁美学研究的思考[J].市政技术,2020,38(2):71-74,80.

[29] 宋福春,王厚宇,马梓乔.基于地域文化的景观桥梁美学设计[J].公路,2019,64(3):182-186.

[30] 宋功业,刘宇辉.大跨钢结构桥箱型梁现场拼装技术[J].江苏建筑职业技术学院学报,2014,14(2):1-3.

[31] 王维维.钢结构桥梁工程防腐涂装施工技术[J].施工技术,2012,41(S2):196-198.

[32] 张翠利.大跨径桥梁钢桥面铺装设计综述[J].中国标准化,2018(24):94-95.

[33] 谭振宇.湿热地区钢桥面铺装防水粘结层质量控制关键技术研究[D].广州:广州大学,2018.

[34] 林筱平.公路桥梁上构伸缩装置安装施工控制要点[J].中国公路,2020(7):96-99.

[35] 冯忠居,李维洲,戴良军,等.中国跨海大桥防撞体系的应用现状[J].筑路机械与施工机械化,2017,34(11):40-45.

[36] 杨敏.基于桥型适应性的公路桥梁桥型选择研究[D].西安:长安大学,2013.

